A Korean Marital Art With 2000 Years History

Combat TAEKKYEON

실전태껸

Author Yeong Man Kim

도서출판 글샘

서 문

    태껸은 2011년 인도네시아 발리에서 열린 제6차 유네스코 무형유산위원회에서 무예로서는 세계 최초로 유네스코 인류 무형유산으로 등재되었지만, 그동안 다소 막연히 한국에 전해오는 전통맨손무예라는 개념이 있었고, 이를 이어준 것은 조선의 마지막 태껸인 송덕기 선생의 존재가 있었기 때문이다.
    태껸의 명맥이 그나마도 단절의 위기를 겪었던 것은 일제강점기 시절 일본의 집요한 문화 말살 정책으로 인해 금지되었는데 어른들은 물론 심지어 어린이들의 놀이이기도 한 애기 태껸조차 금지했기 때문이다.

    조선은 오랜 역사를 지닌 나라였지만 지정학상 열강들의 틈에 끼어 겨우 버틸 정도의 위기를 맞이하였고 어린아이들에게 있어서는 어른들이 하는 일들이 놀이로 행해졌다.
    당시 조선을 방문했던 선교사이자 의사였던 알렌의 기록을 보면 "조선의 아이들은 노동조차 놀이로 삼는다."라고 할 만큼 아동들의 놀이 문화의 한계성이 있었는데 일본은 그마저도 금지했다.

    태껸은 일제강점기를 지나 해방 후에 당시 어린 시절 태껸을 보고 자랐던 이승만 대통령 앞에서 시범할 기회가 있었는데 당시 시범 종목은 당수도(태권도)였지만 이승만 대통령은 이를 태껸으로 받아들였다. 이를 계기로 태껸기술을 익힌 사람을 수소문하는 과정에 태껸을 익힌 송덕기 선생이 드러나게 되었고 여러 매체에 소개되는 계기가 되었다.
    이러한 일련의 과정을 눈여겨보고 관심 있게 접근한 사람은 현대에 태껸을 재체계화시킨 신한승 선생님이라는 분이었다. 그는 태껸의 동작을 나름 체계를 구성하고 세상에 발표하였는데 오랜 노력 끝에 1983년 중요무형문화재로 지정하였다.

이후에 관심 있는 여러 사람에 의해 태껸 수련단체들이 생겨나고 적극적으로 보급되기 시작했다. 그러나 일련의 과정에서 간과한 부분이 있었으니 신한승 선생이 재체계화시킨 태껸은 시대적인 여건상 일종의 민속놀이이자 스포츠 태껸이었다. 태껸은 맨손 무예였지만 불가피한 전시에서도 사용할 정도로 유용한 무예이기도 했지만 이러한 기술들은 일부가 단편으로 소개되었을 뿐 민속놀이와 스포츠 태껸으로 정리되면서 수련과정에서 배제되었다. 당연히 많은 위험한 기술들은 체계화 과정에 현실적이 못하다 하여 배제되었고 기술들은 단순화되었다. 지금 세상에 알려진 태껸은 위험한 기술들의 많은 부분이 당연히 이 과정에서 빠져 있다.

자칫 실전태껸과 관련된 기술들이 도태될 상황이었지만 송덕기 선생으로부터 전수받은 사람들을 추적하는 가운데 오랫동안 LA에서 위대태껸을 보급하고 계신 고용우 선생님을 알게 되었고 몇 번 기회를 만들어 지도받는 계기를 통해 실전태껸의 전모를 파악하게 되는 실마리를 얻게 되었다. 이후로는 실전태껸이 포함된 위대태껸이 송덕기 선생님의 원형태껸임을 확신하게 되었고, 연구자로서 위대 (우대, 웃대, 윗대)태껸 원형발굴의 계기가 되었다.

여기서 실전태껸과 관련된 핵심 내용들을 중점적으로 간략하게 소개하였지만 상세한 살수들은 소개하지 아니하였다. 하지만 태껸을 배운 이들이 지니는 태껸이라는 개념에 대해 그 이상의 기술들이 존재한다는 사실을 세상에 드러내기 위한 1차 자료로서 충분한 가치가 있다는 생각에 이 자료들을 소개하고자 한다. 실제 이 실전태껸의 기초적인 기법들은 상대를 무력화시키는 데 있기에 사용에 있어 제한이 없다. 물론 전투 태껸이 아닌 한마을 간에 친선을 도모하는 태껸 경기에 있어서는 위험한 급소를 공격하는 적절한 제한이 있었던 것은 당연하다. 그러나 현재 스포츠 태껸처럼 손발의 사용에 제한이 없었던 것은 분명하다.

지금의 스포츠 태껸을 위주로 배운 세대에게 이러한 실전 태껸을 알리는 것은 매우 중요하다. 이 과정이 없다면 태껸의 일부 과정만 전달이 되어 실제 태껸에 대한 편견과 왜곡된 부분만이 본래의 태껸원형으로 인정될 수도 있다.

다른 기회에 따로 언급되겠지만 한·중·일은 인접한 나라로서 모든 문화가 서로 교류할 수밖에 없는 지리적 환경이었다. 태껸도 문화의 일부로서, 한국의 고유 언어로서, 혹은 그림으로서 영향을 주고받은 흔적들이 존재하고 있다는 사실이 근래에 밝혀지고 있다. 비록 태껸이 다른 지역에서 다른 이름으로 전해오면서 다소 변형되기는 했지만, 흔적들이 남아있으며 중요한 살수들은 태껸과 똑같이 감춰져 비전되어 내려오고 있음이 확인되고 있다.

사람들은 각자의 위치에서 자신들이 배우고 익힌 무예들을 자신의 시각으로 받아들이고 해석한다. 모든 기법이 다 공개되었다면 각자의 역량에 따라 발전의 성과가 다소 다를 수 있겠지만 비전된 부분에 접근조차 할 수 없다면 역량에 차이가 많은 것이다. 한국에 있어 수련의 모토는 '큰 힘에는 큰 책임이 따른다.', '품성을 갖추지 못하면 전하지 않는다(比人不傳)' 등의 모토가 존재하고 있었다. 특별한 능력치를 지닌 무예인이 그 기술을 남용하게 되면 사회에 큰 파장을 일으키기 때문이다. 같은 무예를 익혔다 하더라도 1년을 익힌 이와 수십 년을 익힌 이와의 차이는 분명 존재하고 그 수련 강도에 따라 기법의 차이도 존재한다. 현대는 자신을 드러내는 경로가 다양하고 보편화되어 있지만, 그 깊이가 얕을 수밖에 없다. 예전

무예를 익힌 사람들이 남을 가르치기에 인색할 수밖에 없었던 이유가 수련의 모토에 대한 분명한 이유가 있었기 때문이다. 그래서 '좋은 스승을 만나기는 어렵지만 좋은 제자를 만나기는 더 어렵다.'라는 표현이 있는 것이다.

이 책을 통해 택견에 대한 편견을 가감 없이 인식할 단초가 되기를 기대해 본다.

송덕기 선생의 소중한 택견 기술을 택견사에 기록할 수 있도록 사진을 남겨주신 김수 총재님(Grandmaster Kim Soo)께 감사드리며, 그의 제자 Alberto Borjas Sabeom 사범님께도 감사드립니다.

이 저서를 출판할 수 있도록 허락해주시고, 항상 따뜻한 마음으로 위대택견의 심층적인 연구를 할 수 있도록 지도를 해주신 고용우 선생님께 감사드리며, 제현의 송덕기 선생님의 택견의 명맥을 이어주시고 연구에 도움을 주신 분들께 깊은 감사의 인사를 올립니다.

이 책이 출판될 수 있도록 도와주신 많은 분들께 감사의 말씀을 드립니다. 항상 병고에도 택견의 과거와 현재 그리고 미래에 대한 고민을 함께하면서 이끌어주신 권찬기 선생님께 감사를 드립니다. 특히, 영문 교정을 위해 도움을 준 미국인 제자 Michael Pederson에게 고마움을 표하며, 또한 출판을 도와주신 도서출판 (주)글샘 이기철 대표님께도 감사드립니다.

CONTENTS

1. 태껸의 역사/The History of Taekkyeon ·········· 11

2. 태껸의 특징/ Characteristics of Taekkyeon ·········· 77

3. 태껸의 기합/The Gihap (Shout) in Taekkyeon ·········· 87

4. 택껸의 수련방법/Training Method of Taekkyeon ·········· 97

   1) 몸풀기/ Warm-up ·········· 99
   2) 기본기술 / Basics ·········· 104
   3) 자세 / Stances ·········· 112
   4) 활갯짓 / Arm Swinging ·········· 124
   5) 손질 / Hand Techniques ·········· 139
   6) 발길질 / Kicks and Sweeps ·········· 153
   7) 마주대기 / Partner Exercise ·········· 164
   8) 맴돌리기 / Turning Techniques ·········· 170
   9) 태질 / Throwing and Tripping ·········· 172
   10) 신주 / Joint Locks ·········· 176

1. 태껸의 역사
The History of Taekkyeon

삼국시대 이전 전래한 무예 태껸
Martial arts dates back from the period of the Three States previous taekkyeon.

태껸(또는 택견)은 삼국시대 이전부터 내려오는 우리 고유의 무예이다.

Taekkyeon, often written as taekkyon, is a traditional Korean martial art which originated in the Three Kingdoms Period of the Korean Peninsula.

1145년(고려 인종 23년)에 편찬된 『삼국사기三國史記』라는 역사책이 현존하고 있는데 이 삼국은 이전 왕조에 존재했던 고구려, 신라, 백제를 의미하는 것으로 이 세 나라가 각축을 벌이다가 신라에 의해 통일되었다. 이 과정에 수없는 전쟁이 따랐으며 무武는 필수적으로 수반되었을 것이다. 고구려의 고분 내에는 맨손무예를 가늠케 채색벽화가 현존한다. 가장 대표적인 것이 현재 한반도 서북부에 위치한 현재 황해남도 안악군 오국리에 소재하는 안악 제3호분 전실 동쪽 벽면의 수박手搏하는 두 역사力士가 벽화와 중국 지린성吉林省 지안현輯安縣 여산如山 남쪽 기슭에 소재하는 무용총에 나타난다.

The Samguk Sagi is a history of the ancient Three Kingdoms of Korea: Goguryeo, Baekje and Silla. It describes how they both collaborated and fought until Goguryeo and Baekje were defeated and absorbed by Silla. Warfare was frequent during this period and therefore martial arts were required for victory. Mural paintings found in ancient tombs from Goguryeo depict unarmed martial arts. Fighters engaging in subak (수박/手搏) are portrayed in a mural on the east wall of the front chamber of Anak Tomb No. 3 located in Anak County, South Hwanghae Province, North Korea and the Muyongchong (Tomb of the Dancers) in Ji'an, Jilin Province, China.

그림 1. 안악 3호분(제작년도는 357년으로 추정) 전실 동쪽 벽면에 있는 수박하는 역사(力士) 그림으로 손가락을 벌리고 서로 겨누는 모습을 볼 수 있다.

Figure 1. Front chamber mural in Anak Tomb No. 3. The two fighters are standing face to face while spreading their fingers.

그림 2. 위대태껸에서 '얼르면서 겨누는 태껸의 모습'과 거의 동일한 동작일 뿐만 아니라 손가락을 벌린 모습조차 일치한다. 그리고 송덕기가 많이 연습한 기술이다.

Figure 2. The fighters' positions in the mural are similar to those of widae taekkyeon. The men in the mural and widae taekkyeon fighters spread their fingers in the same way. Song Deok-gi practiced this stance.

제작년도는 AD 357년으로 추정되는 안악 3호분 전실 동쪽 벽면에 있는 수박하는 역사力士 그림은 현재 위대태껸에서 확인되는 '얼르면서 겨누는 모습'과 거의 동일하다.

The Anak Tomb mural is estimated to have been made in AD 357, and the men's stances are very similar to those of taekkyeon (widae taekkyeon) fighters nowadays.

수박은 권법拳法의 한 종류로서 상대방과 겨루는 격투기이다. 상무尙武를 중요시하는 고구려는 수박手搏은 대중들 속에서 널리 성행한 경기였음을 알 수 있다.
중국 진나라 진수가 펴낸 『삼국지三國志』 기원후 220-280년 위서魏書 30권卷 오환선비동이전烏丸鮮卑東夷傳의 고구려조高句麗傳에 '고구려 사람들은 힘이 세고 전투에 익숙하다'라고 하였으니, 당시의 생활상이 무덤의 벽화와 무관하지 않은 듯하다.

Subak was an unarmed martial art. In Goguryeo, where martial prowess was highly respected, subak was very popular among the people. Cheon Shou's Records of the Three Kingdoms, a historical account of the Three Kingdoms period in China (220 – 280), says "The Goguryeo people are mighty and skillful at battle" (Book of Wei, Volume 30. Biographies of the Wuhuan, Xianbei, and Dongyi), and this quality is reflected in ancient mural paintings.

안악 3호분의 '수박手搏하는 역사도力士圖', 무용총舞踊塚의 '수박도手搏圖', 5세기 후반에 축조된 것으로 추정되는 삼실총三室塚의 제 삼실三室 후벽의 '장사도', 그리고 5세기 후반에서 6세기 초에 축조된 것으로 추정되는 각저총角抵塚의 두 사람이 맞붙어 씨름하는 '각저도角抵圖'가 있는데 실제 수박이나 태껸이 온몸을 모두 쓰는 맨손무예임을 감안한다면 모두 현재 태껸의 원조로 간주하여도 큰 무리가 없다.

5세기 고구려 고분벽화 무용총의 수박
Muyongchong of subakdo, Is estimated to have been constructed in the first half of the 5th century

The paintings Subak Haneun Yeoksado (Mighty Men Playing Subak) found in Anak Tomb No. 3, Subakdo (Subak Scene) in Muyongchong Tomb, Jangsado (Strong Men) on the back wall of the third room of Samsilchong Tomb, which is believed to had been constructed in the late fifth century, and Gakjeodo (Wrestling Scene) in Gakjeochong Tomb, thought to have been built between the late fifth and early sixth century, all show men competing in subak with their bare hands. Given that both subak and taekkyeon are unarmed, whole-body martial arts, subak could be considered the origin of today's taekkyeon.

신채호(申采浩, 1880-1936)는 『조선상고사朝鮮上古史』(1931, 1948)에서 고구려의 강성强性이 '선배제도(조의선인皁衣仙人)'의 창설에서 비롯되었다고 밝히고 있다. 신라의 '화랑제도' 또한 삼국을 통일한 원천이 되었는데 이 모두 문무文武를 같이 익혔으니 그 과정에는 필히 심신을 단련하는 맨손무예가 포함되었으리라 믿어진다.

Shin Chaeho (1880-1936), in his book Joseon Sanggosa (Ancient History of Korea), wrote that the strength and resilience of Goguryeo were attributable to the nation's establishment of the seonbae system (also called jouiseonin). Silla's hwarang system (lit. "flower boys," an elite group of male youths), which is thought to have been one of the fundamental forces which enabled Silla to unite the three kingdoms, required trainees to excel in both scholarship and martial arts. Therefore, it is believed that the system included training in unarmed martial arts.

이에 대해 신채호는 "송도(松都, 고려의 수도, 개경)의 수박手拍이 곧 '선배'경기의 하나이니, '수박手拍'이 지나中國에 들어가서 권법拳法이 되고, 일본日本에 건너가서 유도柔道가 되었다"라고 하였다. 또한 "신라의 국선화랑은 고구려의 선배제도를 모방한 것으로 학문에 힘쓰고 수박·격검擊劍·사예射藝·기마騎馬·덕견이(태껸)·깨끔질·씨름 등 여러 가지 기예를 익히고 했다"고 기록하고 있다.

Regarding this, Shin Chaeho wrote that "subak in Songdo (also known as Gaegyeong, the capital city of Goryeo) was a game for 'seonbae,' which became kung fu in China and judo in Japan." Shin also wrote that "The institution of the hwarang in Silla was modeled after the seonbae system in Goguryeo. They learned many martial arts including subak, fencing, archery, riding, taekkyeon [deokgyeoni/덕견이], one-legged fighting, and westling while endeavoring to improve their scholarship."

Wrestling Scene (Gakjeodo / 角抵圖)

고구려인들은 동북아시아의 패권을 쥐고 먼 서역에까지 영향을 끼칠 정도로 번성하였다. 그래서 고구려를 방문하는 서역인들이 생겨났고, 이들은 고구려인들과 수박을 겨루며 친목을 다졌다. 그리하여 큰 눈에 매부리코를 한 서역인들에 의해, 전통 무예 수박은 고구려 이외의 곳, 즉 중국을 비롯한 중앙아시아 등지를 돌며 널리 행해지게 되었다(문화콘텐츠닷컴, 2012).

Goguryeo gained supremacy in Northeast Asia and even influenced the countries that bordered on western China, whose people often visited Goguryeo and engaged in friendly subak competitions. These big-eyed, hawk-nosed people spread traditional martial arts from the Korean Peninsula to China and Cental Asian countries (Cultural Contents Dotcom (2012), The Stories and Movements of Taekkyeon, Korea Creative Contents Agency).

태껸하는 모습의 토용(동아일보, 1986 7.30, 서영수 기자)
Clay figures representing taekkyeon
(The Donga Ilbo, 1986 7.30, photo taken by Seo Yeongsu)

태껸상은 정자세, 공격자세, 방어자세 등 다양한 모습이며 생동감이 있다.

The figures represent lively taekkyeon movements including a ready stance and offensive and defensive positions.

신라의 기록 역시 전무한 실정이지만 경주 괘릉의 장군상, 또는 석굴암 입구의 벽에 부조浮彫된 금강역사상을 자세히 보면 공격이나 방어를 위한 자세를 하고 있는 것처럼 보여 비록 기록으로는 전하지 않더라도 신라에 태껸과 비슷한 맨손 무예가 있었음을 미루어 짐작케 한다.

Even though there is no clear evidence from the Silla Dynasty, one can recognize that the statues Janggunsang (General) in Gwaereung Tomb in Gyeongju and Geumgang Yeoksasang (Deva King) on the wall of the Seokguram Grotto show men in offensive and defensive poses. Therefore, one can assume that an unarmed martial art similar to taekkyeon was practiced in Silla, despite the absence of written records.

백제는 기록이나 고분벽화 또는 석상에 의한 흔적이 전혀 발견되지 않는다. 그러나 당시 세 나라가 영토분쟁이 잦았던 실상으로 보아 고구려, 신라, 백제에는 다 같이 장정들 사이에 태껸과 비슷한 맨손 무예가 있어 때로는 승부를 겨루고, 때로는 심신을 단련하는 방법으로 수련했을 것으로 추정할 수 있다. 당시 생존을 위해 스스로를 지킬 수 있는 무예수련은 위급상황에 대한 대처법으로 필수적이었을 것이다.

Remaining records, wall paintings, and statues from the Baekje Dynasty show no evidence of taekkyeon. However, given the fact that conflict was frequent among the Three Kingdoms, it is likely that each had unarmed martial arts similar to taekkyeon. Men would have used them to learn fighting skills and to develop their minds and bodies. In those days, martial arts for self-defense would have been essential to survive.

고려와 조선의 수박
Subak During the Goryeo and Joseon Dynasties

고려시대(A.D. 918~1392)에는 현재 실전태껸으로 불리는 수박과 경기태껸 형태의 수박희가 민중에 널리 성행하였다. 『고려사高麗史』에 고려 중기에 발생한 무신의 난과 관련된 부분에 이들 '수박手搏'과 '수박희手搏戲' 두 용어는 여러 곳에서 확인된다.

고려시대에 맨손 무예는 꽤 성행했음이 분명하다. 실제 고려시대에 수박을 했다고 기록된 인물들에 대한 출생지는 전국적으로 다양하게 나타난다.

During the Goryeo Dynasty (918 - 1392), subak, which is called siljeon takkyeon today, and subakhui, a kind of taekkyeon game, were very popular among the people. In the Goryeosa (History of Goryeo) there is a section about a rebellion of army officers in the middle period of the dynasty. The terms subak and subakhui are found many times in this section. It is clear that unarmed martial arts were very popular in the Goryeo era. The birthplaces of men who were known as subak players in those days are scattered all over the country.

『고려사』에 무인들이 즐겨 수박手搏, 또는 수박희手搏戲를 했고 나라에서도 무예로 권장했음이 기록으로 남아 있다(『고려사』 권36, 권39, 충혜왕 편, 권728 이의민 편). 위의 기록에서 보면 수박手搏이 하나의 경기 종목으로 성행했으며, 충혜왕은 즐겨 이 수박을 관람했음을 알 수 있다.

The Goryeosa records that soldiers often played subak and subakhui and that they were recommended as national martial arts (Goryeosa, Volume 36 and 39, King Chunghye section, and Volune 728, Lee Uimin section). This evidence indicates that subak was considered a game during that time and even King Chunghye used to watch subak competitions.

봄놀이를 가서 수박을 관람했고, 교외에 나가 매사냥을 할 때에도 관람한 것으로 보아 당시 수박은 경기 종목으로 꽤 볼만한 구경거리였음이 분명하다.
무신들에게 수박을 시키고 또 수박의 승자에게 상을 주었던 기록으로 보아 수박을 무예의 한 종목으로 권장했다는 것을 알 수 있다.

According to the book, the king watched subak when he went on spring outings or falconry trips. This suggests that subak competitions were popular with the people of Goryeo. The Goryeosa also states that the king had military officers compete in subak and rewarded the winners, which indicates that he promoted subak as a kind of martial art.

이때 조선조朝鮮朝 수박手搏의 기록을 살펴보면,
References to subak are found in historical records from the Joseon Dynasty as well.

먼저 『조선왕조실록朝鮮王朝實錄』 중에서 태종 · 세조 조의 기록을 보면 조선조 초기에 수박이 무예의 한 종목으로 되어 병사를 선발하는 기준이 되었음을 알 수 있다. 즉, 방패군防牌軍이나 갑사(甲士, 직업 군인 제도)를 뽑을 때 수박을 시험하되 세 사람을 이기면 뽑고 그렇지 못하면 불합격 시킨 것을 알 수 있다. 향리鄕吏나 관노官奴들이 수박을 잘 하는 자를 뽑는다는 말을 듣고 다투어 모여들어 수박을 하는 사람들이 많았고 또 수박을 잘하면 병조兵曹에 등용되었으니 수박이 즉 무인이 되는 기본 과목이었음이 분명하다.

From the records of the Kings Taejong and Sejo in the Annals of the Joseon Dynasty, one can learn that subak was considered a martial art in the early Joseon period and was included in the test for selecting soldiers. Subak was part of the admission test for shield men and gapsa (career soldiers), and candidates were required to beat three opponents in a row in order to pass. Many local officials and state slaves scrambled to learn subak after hearing that outstanding players would be hired by the army. Therefore, it is clear that subak was an essential subject for soldiers.

또 하나의 기록은 『신증동국여지승람新增東國輿地勝覽』 권34 여산조에 있다. 즉, '작지 마을은 충청과 전라의 경계에 위치하고 있는 고을로 해마다 음력 7월 15일인 백중百中이면 인근 주민들이 모여 수박희手搏戲의 승부를 겨루는 세시풍속이 있었다.'라고 기록하고 있다.

Another reference to subak is found in the Revised and Augmented Version of the Survey of the National Geography of Korea, Volume 34, which reads as follows: 'Jakji Village is a village on the border between Chungcheong and Jeolla Provinces. On Baekjung Day, which is July 15 by the lunar calendar, all the residents gather and compete in subakhui.'

『무예도보통지武藝圖譜通志』의 「권법拳法」편 안案에 『한서漢書』의 「애제기哀帝紀」에 '나아갈 때 변卞과 활 쏘는 놀이를 관람하였다. 주注에 수박手搏은 변卞이요 각角은 경競이고, 력力은 무희武戲이다(手搏爲卞角力爲武戲).'라고 하였다.

In the Muyedobotongji (Comprehensive Illustrated Manual of Martial Arts), there is a section on unarmed martial arts called kwonbeop (fist methods). This section states, 'In Volume 6 of the Han Shu (Annals of Emperor Ai), it says '...watched byeon and archery when he went out.' In a note, it says 'byeon is subak, gak is gyeoung, and ryeok is muhui.''

정조14년(1790) 『무예도보통지武藝圖譜通志』가 편찬된 지 8년 후, 정조 22년 이만영李晩永이 편찬한 백과사전류 『재물보才物譜』의 「기희조技戲條」에는 '卞 手搏爲卞角力爲武 若今之 탁견'이라 하여 택견과 관련된 용어가 처음 등장하는데 『무예도보통지武藝圖譜通志』「권법拳法」편의 내용을 그대로 담으면서 '지금의 탁견'이라는 표현을 첨가한 것이다.

In the 22nd year of King Jeongjo's reign, which was eight years after the publication of the Muyedobotongji, Lee Man-yeong wrote an encyclopedia titled the Jaemulbo. In the Giheuijo part of the book, there is the passage "卞 手搏爲卞角力爲武 若今之 탁견," which contains the very first term related to today's taekkyeon. The passage was cited in the kwonbeop part of the Muyedobotongji and the author added the word 탁견 (pronounced "takgyeon").

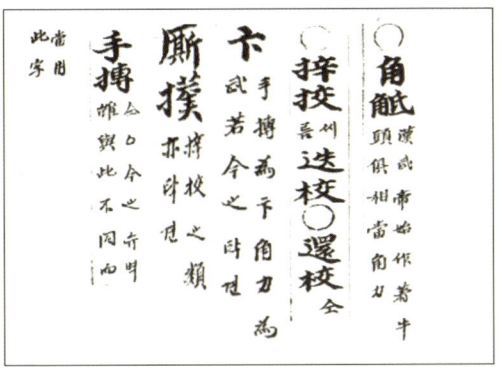

「재물보」의 「기희조」에서 일부 발췌

태껸의 곧은발질을 내려막는 기술과 동일하다.
It is identical to the taekkyeon technique to defend against straight kicks.

무예도보통지 권법 편의 현각허이세(縣脚虛餌勢), 구유세(丘劉勢)
The hyeongak heoise and guyuse positions in the kwonbeop section of the MuyedobotongJi

조선조 후기의 현종 12년(1846년)에 궁중 화원인 혜산惠山 유숙劉淑 (1827~1873)이 그린 대쾌도大快圖(서울대학교 박물관)의 풍속화에는 수많은 군중이 둘러선 가운데 씨름과 태껸이 함께 행해지는 광경으로 보아 전통적인 민속 경기로 정착했음을 알 수 있다.

The genre painting Daekoedo was painted by court artist Hyesan Yu Suk (1827 - 1873) in the 12th year of King Hyeonjong's reign. It shows a crowd watching ssireum (traditional Korean westling) and taekkyeon competitions. From this, one can conclude that taekkyeon had become a popular folk game by that period.

혜산(惠山) 유숙(劉淑, 1827~1873) 대쾌도(大快圖 서울대 박물관)
Daekwaedo (大快圖), by Hyesan Yu Suk, painted around 1850
Seoul National University Museum

구한말 기산箕山 김준근의 "싸움하는 모양"(태껸의 모습).

"Fighting Scene" painted by Gisan Kim Jungeun in the late Joseon period (men playing taekkyeon).

싸움하고 / Fighting   싸움하는 모양/ Fighting Scene
Courtesy of Soongsil University Korean Christian Museum

고용우는 "송덕기 선생님은 상대의 머리채를 잡으면 하루 종일 끌고 다닌다."라고 구술한 바 있다.

Master Song Deok-gi said "If I grabbed my opponent by his hair, I dragged him around all day."

기산 김준근의 풍속도는 태껸의 오금잽이와 같다

This genre painting by Gisan Kim Jungeun shows an action that resembles a knee hook (ogeum jaebi) in taekkyeon.

이 수박(手搏)은 후에 특히 서울 경기 지역에서 태껸으로 불리게 되었는데 특히 서민층에서 왕성하게 행해졌다. 가장 민중화 혹은 대중화의 지표 중 하나는 수박, 수박희를 통해 이루어지는 도박판으로, 고려에서부터 조선말까지 이어온 기록들을 통해 알 수 있다.

Subak had come to be called "taekkyeon" in the Seoul and Gyeonggi regions and was very popular among ordinary people. Gambling onsubak and subakhui competitions indicates the popularity of taekkyeon during the Goryeo and Joseon Dynasties.

『고려사』 형률조에 "박희博戱, 수박희手搏戱(경기 택견을 의미)로써 전물錢物을 내기한 자는 각각 장杖 일백一百이며, 그 유숙留宿시킨 주인 및 범(凡, 내기 돈)을 대고, 모여서 도박을 시킨 자도 또한 장 일백이며, 음식을 걸고 활쏘기를 익히는 무예자는 비록 전물을 걸어도 죄가 없다"(『고려사』 85권 지 권39 형법2조 금령). 이것은 고려 내에 수박희를 이용한 도박이 널리 행해진 폐해로 생겨난 것임을 추측할 수 있다.

In the section of the Goryeosa on criminal law, it states "Those who gamble on bakhui [subakhui means taekkyeon as competition] shall be punished with 100 lashes, and those who accept them as guests, provide money for gambling, or organize games shall be punishedwith 100 lashes also, with the provision that martial artists who bet on archery contests for food are innocent" (Goryeosa, Volume 85, Book 39. Criminal Laws). From this, it can be inferred that gambling on subakhui was popular in the Goryeo era, since the government made such regulations.

구한말(1921년경)의 시인 매하梅下 최영년崔永年이 지은 『해동죽지海東竹枝』에서 탁견희托肩戱의 칠언절구의 한시에 다음과 같이 기록하고 있다.

In his book Haedong Jukji (ca. 1921), the poet Maeha Choi Yeong nyeon wrote the following passage titled Takgyeonhui.

"舊俗 有角術 相對而立 互相蹴倒 有三法 最下者 蹴基腿 善者 托基肩 有飛脚術者 落基簪 以此成報仇 或賭奪愛姬 自法官禁之 今無是戱 名之曰 탁견"

"옛 풍속에 발을 쓰는 기술이 있으니, 서로 상대해서 발로 차서 쓰러 뜨리는데 세 가지 방법이 있다. 서투른 사람은 다리를 차고 잘하는 사람은 어깨를 차고 비각술이 있는 사람은 상투를 떨어뜨린다. 이것으로 원수를 갚기도 하고, 혹은 사랑하는 여자를 내기하여 빼앗는다. 관에서 법으로 금지하여 지금은 없어졌다. 이 놀이의 이름을 '탁견'이라 한다."

It is translated as follows: An old custom used leg skills, with which players competed to knock each other down. There were three levels. Novices kicked the leg, experts kicked the shoulder, and those with flying leg skills knocked down the opponent's topknot. It was used to get revenge on enemies and to win a desired woman. It is now prohibited by law and has disappeared. It was called takgyeon."

백기신통비각술/ 百技神通飛脚術 / Baek Gisintong Bigaksul
경경약과계잠고/ 輕輕掠過髻簪高/ GyeonggyeongYakgwa Gyejamgo
투화자시풍류성/ 鬪花自是風流性 / Tuhwajasi Pungryuseong
일탈초선의기호/ 一奪貂蟬意氣豪 / Iltal Choseon Uigiho

'비각술은 백 가지 기술에 신통해 있으니 가볍게 상투와 비녀를 스쳐 지난다. 꽃 때문에 다툼도 풍류의 성격이니 한 번에 초선貂蟬을 빼앗으니 의기양양하도다'로 풀이할 수 있다.

The above poem is translated as follows:
Masters are skillful at a hundred techniques
For them it is easy to kick above the topknot and hairpin

Fighting for a flower is enjoyable and refined
The triumphant victor wins a beautiful woman in an instant

이러한 기록은 조선말 우리나라를 방문한 여러 외국인들의 기록에서도 확인된다. 1890년 연말 조선을 방문한 영국인 아놀드 새비지-랜도어(Arnold H. Savage-Landor ; 1865-1924)는 '조선에서 볼 수 있는 독특한 광경 중의 하나로 일대일의 격투이다. 그들은 자주 다른 도시 혹은 다른 지역 패거리 간에 현상금을 건 격투를 보면서 흥겹게 즐기는데 싸움꾼들은 대체로 주먹을 이용해서 싸우나, 프랑스에서처럼 무릎과 발을 사용하는 것도 허용되어 있다. … 상류층은 자신의 평판이 깎이기 때문에 공개적으로 주먹질을 벌이지 않는다. 그 대신에 그들 간의 이해관계는 비싼 돈을 치르고 산 싸움꾼들이 그들의 면전에서 해결하도록 한다'라고 유사한 기록을 남기고 있다.

Many foreigners who visited Korea during the late Joseon Dynasty recorded their observations of taekkyeon. Arnold H. Savage-Landor, an Englishman who visited Joseon in 1890, wrote the following in his book Corea or Cho-sen: One of the characteristic sights in Cho-sen is a private fight. The natives, as a rule, are quiet and gentle, but when their temper is roused they seem never to have enough of fighting. They often-times disport themselves in witnessing prize-fights among the champions of different towns, or of different wards in the same town, and on these occasions large crowds assemble to view the performance. The combatants generally fight with their fists, but, like the French, are much given to use their knees and feet as well in the contest … The better classes, it must be said to their credit, never indulge in fist-fighting in public, though occasionally they have competitions in their own compounds, champions being brought there at great expense and made to fight in their presence." (p. 267, 270).

또한 1900년 러시아 재무성에서 출판한 『한국지韓國誌』(1984)에서도 '싸움을 하여 힘을 겨루는 것도 매우 널리 퍼져 있다. 한국에는 예전에 일본에서도 그랬던 것처럼 직업 투사들이 있어서 이들은 명문 귀족이나 읍邑, 리里에서 항상 급료를 받고 있다. 정해진 날에 개인들이나 읍, 리에서는 그들의 투사들을 힘겨루기대회에 내보낸다. 이 경기는 매우 활기에 차 있는데 이는 관중들이 투사들에게 크게 내기를 걸기 때문이다. 한국인들은 때때로 주먹싸움도 개최하는데, 이때 한 읍이 다른 읍에 대항하여 또 가끔은 한 읍의 한 구역이 다른 구역에 대항하여, 또는 한 리가 다른 리에 대항하여 투사들을 내보낸다'라고 적고 있다.

In the Hangukji (Records of Korea), published by the Russian Treasury Department in 1900, there is the statement, "It is very common among them to test their strength by fighting. As in Japan in the past, Korea has professional fighters, and they are paid by nobles and community leaders. On certain days, each community sends its fighters to a competition. Such competitions are very popular, and spectators bet large sums on the fighters. The Koreans sometimes hold fist fighting competitions, at times between towns, at other times between districts within a town, or between communities."

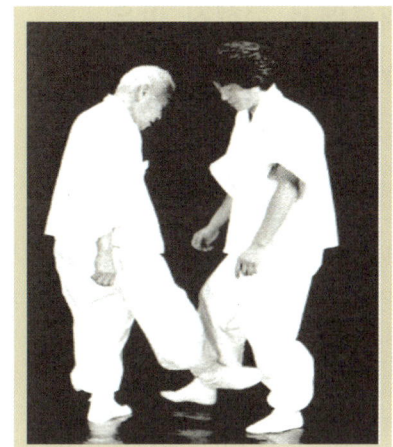

(source: Kim, Jeong-Yun. 2002)

태껸의 어원과 한정된 수련계층에서 행해진 이유
The Origin of the Term "Taekkyeon" and why it was Played Only

지금까지 살펴본 문헌 기록에 의하면, 오늘날 우리가 태껸으로 부르는 명칭은 수박手拍, 수박手搏, 탁견托肩, 각술脚術, 각희脚戱, 수박희手搏戱, 덕견, 태껸, 택견 등으로 되어 있음을 알 수 있다.

Literary evidence shows that what we call taekkyeon today used to be called subak (수박/手拍 or 手搏), takgyeon (탁견/托肩), gaksul (각술/脚術), gakhui (각희/脚戱), subakhui (수박희/手搏戱), deokgyeon (덕견), taekkyeon (태껸), and taekgyeon (택견).

고려나 조선조 초기의 수박手搏 또는 수박手拍이 손을 쓰는 명칭이고, 후기의 탁견托肩, 각술脚術, 각희脚戱 등의 명칭은 다리를 사용한다는 뜻을 지니고 있다. 그러면 순수한 우리말의 택견이나 태껸이란 용어는 언제 어떻게 생겨난 명칭일까?

In Goryeo and the early Joseon Dynasty, the name subak indicated use of the hands, but later, takgyeon, gaksul, gakhui, and other names referred to using the legs. Then, what is the origin of the terms taekgyeon or taekkyeon?

대부분의 학자는 탁견托肩이라는 한자어 표기가 한국어화 되어서 택견 또는 태껸이 되었다고 주장하고 있으며, 또한 다리를 많이 사용하여 각술脚術 또는 각희脚戱란 말로 불린 것이라고 주장하고 있다. 그런가 하면 태껸이 다리만 사용하는 게 아니라 손을 휘두르고 움직이는 데에서 수박手拍 또는 수박手搏이란 명칭이 생겼을 것으로 사료된다.

Most researchers see taekgyeon and taekkyeon as localized and Koreanized versions of the Chinese word takgyeon (托肩). They also insist that it was called gaksul and gakhui as it made much use of the legs and feet. It is also thought that the name subak was derived from its use of hand techniques.

태껸과 유사한 표현으로, 현재 기록에서 확인되는 것 중 가장 오래된 것은 영조 4년(1728)의 『교본역대시조전서校本歷代時調全書』에 '少年 十五 二十 時에 ᄒᆞ던 일이 … 속곰질 싸움질과 씨름 탁견 遊山ᄒᆞ기'라는 대목이다. 여기에 표기된 탁견 기록은 조선 인조 때의 사관史官을 겸했던 박동량朴東亮의 일기, 『기재사초寄齋史草』(1592년)에서 확인되는 수박 기록에 비해 약 136년 정도 이후에 기록되어있다. 그럼에도 불구하고 태껸은 청년과 청소년 놀이로 성행하고 있었다.

The term takgyeon appears in historic records. The earliest known written source mentioning it is the book Gyobon Yeokdae Sijo Jeonseo, published in 1728 (the 4th year of King Youngjo's reign). In one passage it states, 'When a boy is between fifteen and twenty, he practices jumping, running, ssireum, takgyeon, and hiking in the mountains.'

This description came 136 years after historian Park Dong-ryang wrote about subak in his journal Gijaesacho (1592). Even though there are few records, it must have been popular among youths and children.

또 대략 200여 년 전 1798년 (조선 정조 22년) 때 이만영李晩永이 편찬한 백과사전류의 책인 『재물보才物譜』에 '변 수박을 변이라 하고 각력을 무라 하는데 지금의 탁견이다(卞 手搏爲卞 角力爲武 苦今之탁견). 박재撲梓 같은 종류도 탁견이라 한다. 수박은 지금의 수벽手癖이며, 비록 서로 같지는 않으나 표기는 같게 해도 된다(手搏爲卞 角力爲武 若今之托肩 撲梓之類亦托肩 手搏仝ㅇ今之手癖 雖與此不同而當用此字 『才物譜』 권6 技藝條).'라는 기록을 확인할 수 있다.

About 200 years ago, in 1798 (the 22nd year of King Jeongjo's reign), Lee Man-yeong wrote the following in his encyclopedia, the Jaemulbo: 'Byeon - byeon is subak, and mu is gakryeok, which is today's takgyeon (卞 手搏爲卞 角力爲武 苦今之탁견). Bakjae (撲梓) is also called takgyeon. Subak is what is called subyeok (手癖) today. Though they are not exactly the same, the names can be used interchangeably. (手搏爲卞 角力爲武 若今之托肩 撲梓之類亦托肩 手搏仝ㅇ今之手癖 雖與此不同而當用此字)' (Jaemulbo, Vol. 6)

『재물보』에는 변卞, 시박廝撲, 수박手搏이 각기 다른 항목으로 서술되어 있으며 변과 시박은 탁견이라는 표현을 사용하고 있으나, 수박은 '슈벽'이라고 하는 한글 표기가 있다. 『재물보』의 서술 내용을 따른다면 수박은 탁견, 수벽치기, 시박과 같은 형식으로 분화, 발전하여 전승되어졌을 가능성을 언급하고 있다. 그리고 박재撲梓를 했다는 의미와 『조광朝光』(7권 4호 조선일보사, 1941)에서 '나무를 차서 배운 사람은 사람을 못 죽여도, 짚으로 배운 사람은 사람을 죽인다고 하지요!'라고 기록하고 있다. 또한 처음 태껸을 배울 때는 사람을 상대로 하는 것이 아니라 나뭇가지에 짚으로 사람 형용을 한 것을 매달고, 아랫도리는 헝겊으로 동여서 발질을 익혔다니까 웬만한 성의가 없이는 태껸 선수가 되기도 쉽지 않았던 것이다(김명곤, 1977). 이는 유희와 무예적인 두 요소가 공존한다는 것을 의미한다.

The author and Shim Seongseop (2011) pointed out that in the Jaemulbo, byeon, sibak (廝撲) and subak are separate entries, and while byeon and sibak are identified as takgyeon, subak is referenced with the word shubyeok (슈벽). Following the contents of the Jaemulbo, it is possible that subak became differentiated and developed into takgyeon, subyeok chigi and sibak. In the Jogwang, there is the passage, 'Those trained in kicking wood cannot kill, but those trained with straw can!' (Jogwang, Book 7, Volume 4, Joseonilbosa, 1941). Novice taekkyeon players were not allowed to compete, but instead trained with a straw dummy hung on a tree, and they bound their legs with cloth when they practiced kicks. Only those who were fully sincere could be taekkyeon players (Kim Myeong-gon, 1977). This shows the two-sided characteristic of taekkyeon as entertainment and as a martial art.

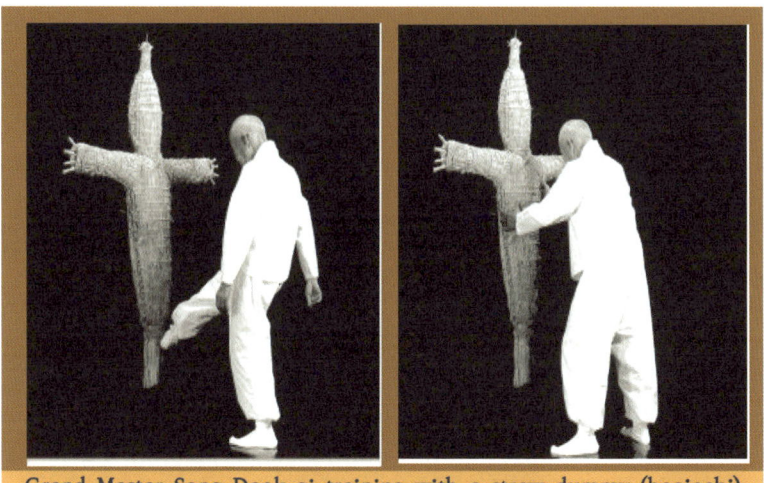

Grand Master Song Deok-gi training with a straw dummy (heojaebi) (source: Kim Jeong-yun, 2002).

여기서 박재撲梓의 재梓는 가래나무, 예덕나무, 판목板木, 관棺 등의 뜻으로 단단한 나무를 의미한다. 가래나무 목재는 재질이 치밀하고 단단하며 뒤틀리지 않아 널리 이용되었다. 태껸인은 이런 목재를 말뚝으로 박아서 손으로 치거나 발로 차는 수련을 했음을 알 수 있다. 또한 송덕기 선생님은 말뚝을 두 개 막아 놓고 손질과 발길질 연습을 많이 했다.

In the word bakjae (撲梓), jae (梓) means things made of hard wood such as walnut trees, wood blocks and coffins. Walnut trees were popular among taekkyeon trainees as they were dense, solid and resistant to bending. They hammered walnut posts into the ground and hit them with their hands and feet for practice. Master Song Deok-gi used to train with two posts to improve his punches and kicks.

자산自山 안확安廓이 저술한 『조선무사영웅전朝鮮武士英雄傳』(1919)의 「무예고武藝考」에서 유술柔術을 설명하는 가운데 "근래에 청년들이 씨름보다 소이小異한 (수)박희博戲를 행함이 있던 바 소위 '택견'이라 하는 것이 그 종류다."라고 했듯이 수박手搏은 곧 택견이라고 단언하고 있다. 무형문화재 제76호로 지정된 택견의 실제 운용을 보면 늘 몸이 유연하게 움직인다. 두 팔을 상하좌우로 활개 치듯 움직이며 다리 역시 전후좌우로 품品자형을 밟으며 상대를 걸어 넘어뜨리거나 차는 등 손발의 조화로 유연하게 사용된다. 이렇게 본다면 과거의 수박手搏이나 각술脚術이 오늘날의 태껸과 같다 하여도 크게 틀린 말은 아닐 것이다.

In his book Joseon Musa Yeongungjeon (Stories of Heroic Joseon Warriors), Jasan Ahn Hwak wrote about martial arts as follows: "These days, youths often play (su)bakhui, so called taekgyeon, which is not very different from ssireum" (An

Jasan, 1979). In this was he affirmed that subak and taekkyeon had a shared identity. When one observes the actual performance of taekkyeon, one can see that the movements are very elastic. A player moves his arms up and down, left and right, coordinated with his legs, using both hands and feet in a harmonious way to throw or kick an opponent. Hence, it does not seem unreasonable to say that subak or gaksul of the past was like today's taekkyeon.

최영년崔永年의 『해동죽지海東竹枝』(1921) 가운데 탁견희托肩戲 주석에 따르면 태껸이 무예로 평가되었음에도 불구하고 남에게 보복하거나 남의 애첩을 빼앗는 수단으로 이용되어 관에서 법으로 엄금하였다는 기록이 있어, 이로 인해 택견이 쇠퇴하게 된 원인 중의 하나로 짐작된다.

In the Takgyeonhui section from Choi Yeong-nyeon's Haedong Jukji, Choi writes that taekkyeon was recognized as a martial art but prohibited by law as it was frequently abused as a way to take revenge on others or take their concubines. This could have been a reason for taekkyeon's decline.

최남선崔南善(1890~1957) 『조선상식朝鮮常識』(1947)에서 "고대에 무예의 하나로 수박이 있었는데 … 원래에는 무예의 일종이었으나 차츰 주석의 여흥이 되고 아동들의 놀이가 되었다(手搏은 古에 抃(변 혹은 卞)이라 하고 後에 拳이라 하고 震域(진역)에서 手拍, 手搏 乃至 手擘 등으로 訛(와) 하니 본래 武藝의 一로서 차차 酒席의 餘興, 兒童의 要戲로 化한 것이다)."라고 기록하고 있어 역시 택견이 쇠퇴한 원인 중의 하나로 보인다.

In his book Joseon Sangsik (Common Sense of Joseon), Choi Nam seon wrote, "Subak was a martial art from ancient times...It was originally a kind of martial art, but gradually changed into entertainment for banquets and a game for children." This could also be an explanation for taekkyeon's decline.

한글학회의 『한글 큰사전』(1957)과 자산 안확安廓의 『조선무사 영웅전』(1919)에도 택견으로 나와 있지만, 단재 신채호(1880-1936)는 『조선상고사』에서 고구려 제천행사를 설명하는 구절에 '덕견'으로 표기하고 있다.

While the Hangeul Keunsajeon (Greater Dictionary of Korean) published by the Korean Language Society and Jasan Ahn Hwak's Joseon Musa Yeongungjeon used the spelling "taekgyeon" (택견), Danjae Shin Chae-ho (1880 - 1936) wrote it as "deokgyeon" (덕견) in his book Joseon Sanggosa when describing harvest ceremonies during the Goguryeo period.

택견의 어휘가 조선총독부朝鮮總督府의 『조선어사전 朝鮮語辭典』(1920)에 풀이하기를 택견이란 '한쪽 발로 서서 넘어뜨리는 유희遊戲, 각희角戲'라 하였다. 조선어 학회에서 편찬한 『우리말 큰 사전』(1947)에는 '택견' 또는 '태껸'이라 하여 '한 발로 서로 맞은편 사람의 다리를 차서 넘어뜨리는 경기, 각희角戲'라고 했다. 또한 기존 남북한의 대형 사전들에도 모두 태껸으로 표기되어 있다.

In the Joseoneosajeon (Dictionary of the Joseon [Korean] Language) published by the Japanese Government-General of Korea, taekgyeon is defined as "A game in which players stand on one leg and try to knock each other down, gakhui (각희/角戲)." The Greater Dictionary of Our [Korean] Language defines both taekgyeon and taekkyeon as "A game to knock down an opponent by kicking the opponent's leg, gakhui (각희/角戲)." Major dictionaries published in both South Korea and North Korea used the spelling "taekkyeon (태껸)."

이에 따라 태껸의 어원은 '탁견托肩'이라고도 하나, 민간어원일 수도 있다. 어원에 대한 인식이 점점 약화되면서 태껸으로 굳어져 표준어 규정 제5항에 근거하여 태껸을 표준어로 삼았다. 본래 택견은 'l' 모음 역행 동화를 원칙적으로 인정하지 않는 표준어 규정 제9항에 어긋나 표준어로 인정받지 못하였으나, 모든 택견 관련 단체들이 일관되게 택견이라는 용어를 사용하고 있고, 문화재청에도 '택견'으로 등록되어 있으며, 대한민국 내의 언어 실생활에서 '택견'이라는 표기의 사용 빈도가 높음을 감안하여, 2011년 8월 22일 국립국어원 국어심의회 전체 회의를 거쳐 동년 8월 31일부터 복수 표준어로 인정되었다. 그러나 문화어에서는 현재까지 '태껸'만을 인정하고 있다(위키백과, 2012). 또한 송덕기 선생님의 구술에 의하면 "태껸"이라고 했다.

The origin of the word taekkyeon is believed to be takgyeon (탁견/托肩), but it might also have a folk etymology. As knowledge of the origin of the word weakened, taekkyeon (태껸) came to be more commonly used. As a consequence, according to Article 5 of the Rules of the Standard Korean Language, taekkyeon became the standard word. The word taekgyeon (택견) has not been recognized as standard since it does not follow Article 9 of the Rules which do not accept the regressive assimilation of the vowel "l" (pronounced "ee"). Considering that all organizations involved in it have consistently used the term taekgyeon, this spelling of the name is registered with the Cultural Heritage Administration of Korea and is used by most people in practice. Moreover, the National Institute of the Korean Language recognized it as the most common of several standard expressions in 2011. However, the North Korean language standard recognizes only (Munhwaeo / 문화어), "taekkyeon." (Wikipedia, http://ko.wikipedia.org). According to Master Song Deok-gi's oral statement, the correct spelling is taekkyeon (태껸).

실전태껸(手搏)의 위력(威力)과 형태
The Power and Form of Siljeon Taekkyeon (Subak)

맨손무예에 관한 기록을 보면, 손과 태껸(수박, 手搏)은 손(주먹과 손바닥)과 발을 이용한 타격기와 박치기 그리고 유술 등을 모두 사용하는 종합맨손무예이다. 맨손으로 호랑이를 상대한 기록과 다양한 신체 기술의 활용과 에피소드 등을 사서나 고전에서 발췌해 보면 다음과 같다.

PakCheeGee

Taekkyeon (subak) is a comprehensive unarmed martial art that uses hand (fist and palm) and foot strikes, head-butting, tripping and throwing, and many other techniques. The following are episodesfound in the Four Classics and classical Confucian literature about how taekkyeon masters fought tigers as well as the kinds of skills they used.

고려高麗 말기의 문신 이제현李齊賢이 충혜왕 3년에 지은 시화 잡록집 『역옹패설櫟翁稗說』(1342)에 다음과 같이 기록하고 있다.

In the Yeokong Paeseol, miscellaneous records of the late Goryeo period (1342, the 3rd year of King Chunghye's reign), Lee Je-hyeon wrote the following:

경인년 · 계사년(고려 의종毅宗, 24년, 1170) · 고려 명종(明宗, 3년, 1173) 이후로 재상에 무인武人이 많았다. 이의민李義旼이 두경승杜景升과 함께 중서

성中書省에 앉았는데 이가 두에게 자랑하기를, "아무가 제 용력을 자랑하기에 내가 한번 쳐서 넘어뜨리기를 이와 같이 하였소." 하면서 주먹으로 기둥을 치니, 서까래가 다 흔들렸다. 이에 두가 대답하기를, "어느 때의 일인데, 내가 맨주먹으로 힘껏 쥐고 휘두르니 사람들이 다 흩어져 달아났다." 하면서 주먹으로 벽을 치니 주먹이 벽을 뚫고 나갔다.

There have been many military officers who served as prime ministers since the years of Gyeongin (1170, the 24th year of King Uijong's reign) and Gyesa (1173, the 3rd year of King Myeongjong's reign).

While Lee Uimin was in Jungseoseong with Du Gyeongseung, Lee said to Du, "one boasted of his power and strength, so I knocked him down like this." He struck a pillar with his fist, and all the rafters shook. Du replied, "the other day, I just swung my fist, and everyone ran away."

He punched a wall, and his fist made a hole in it.

이리하여 당시 사람들은 다음과 같이 시를 지었다(『역옹패설櫟翁稗說』/전집 2).

Accordingly, people at that time made the following poem: (Yeokongpaeseol, Volume 2).

吾畏李與杜 / 내가 두려워하는 것 이씨와 두씨/ Lee and Hu are who I fear
屹然眞宰輔 / 높이 군림한 참 재상 일세 / The real prime minister reigns high above
黃閣三四年 / 재상의 지위는 삼사 년이지만 / The rank of prime minister is only for a few years
拳風一萬古 / 주먹 바람은 만고에 떨치리. / But the fame of the

fist is everlasting

『동사강목東史綱目』에 이의민이 수박으로 의왕을 시해한 기록(1173)이 보이고 있다. '의민이 손으로 의왕의 등뼈를 꺾어서 시해하였는데, 등뼈 부러지는 소리가 나니 의민이 크게 웃었다'(제9상 계사년 명종 3년, 1173).

The Dongsa Gangmok mentions that Lee Uimin killed Uiwang using subak (1173). It states, "Uimin broke Uiwang's spine with his hands, killing him. Uimin laughed on loud at the sound of the spine breaking." (Chapter 9, year of Gyesa, the 3rd year of King Myeongjong's reign, 1173).

『고려사절요高麗史節要』에 '이자겸의 정변이 일어났을 때 낭장 이적선이 왕을 부축하여 가는 지석숭을 왕에게서 떼어 내려고 그의 가슴을 힘껏 발질로 찼다는 것'(9권 인종 공효대왕(仁宗恭孝大王)1 병오 4년, 1126)과 '고려시기 반역자 홍다구의 애비 홍복원이 장사들의 발길질에 의해 즉사한 사실이 있다.'(17권 고종 안효대왕(高宗安孝大王)4 무오 45년, 1258).

In the Goryeo Sajeoryo (Reconds of Goryeo), it says "During the rebellion of Lee Ja-gyeom, Lee Jeok-seon kicked Ji Seok-sung's chest to get him away from the king" (Book 9, Chronicles of Injong Gonghyo Daewang, year of byeongo 4, 1126). Another passage states, "Hong Bog-won, father of Hong Da-gu who was a traitor against Goryeo, was instantly killed by a warriors' kick" (Book 17, Chronicles of Gojong Anhyo Daewang, year of Muo 45, 1258).

또 『성종실록成宗實錄』에 '중 죽림이 같은 중인 희욱을 둘러메친 다음 발길로 힘껏 양 옆구리를 차서 죽게 만든 사실'(88권, 성종 9年, (1478) 1월 16일, 기묘) 등은 15세기 수박 역시 손치기와 함께 발차기를 많이 했다는 것을 보여준다.

There is also the Seongjong Sillok (Annals of King Seongjong), which has the following passage: "The Buddhist monk Jungnim threw hisfellow monk Huiuk to the ground and killed him by kicking him in the sides." (Book 88, January 16 1478, the 9th year of King Seongjong's reign). These records show that subak in the 15th century had both hand and foot skills.

조선 말기 태껸에 관한 외국인의 기록은 서양 선교사인 Horace N. Allen 박사의 저서에서 찾아볼 수 있다.
다음과 같이 때껸의 기법에 대해서 설명하고 있다.

A reference to taekkyeon in the late Joseon Dynasty is found in the writings of the first Western missionary in Korea, Dr. Horace N. Allen.
It is possible that it describes a taekkyeon technique:

'그 두 사람이 하나밖에 입지 않은 웃옷을 벗어 던지고 허리 위까지 벌거벗은 채 서로에게 덤벼들었기 때문이다. 그 가운데 한 사람이 몸을 홱 굽혀 상대편의 허벅지를 잡고서는 그 여세를 몰아 상대방을 머리 위로 내던졌다. 참으로 절묘한 기술이었다 …중략… 그 여자가 통곡하는 것과 남자가 쓰러진 곳에 누워 있는 사실로 보아 심각한 사태가 발생했다고 추측한 나는 내가 도울 일이 있을지도 모른다는 생각을

하고 그곳으로 갔더니 그 남자는 목이 부러져 죽어 있었다.'(호레이스 N. 알렌 지음, 윤후남 옮김, 1996)고 적고 있는데 태껸의 기술로 볼 수 있다.

...each man threw off his sole remaining upper garment and, bare to the waist, they ran at each other. One of them ducked and caught the other by the thighs, using the momentum to throw him over his head,---a wonderfully neat trick. A woman had rushed out of the house as the two ran at each other and her screams and wailing now took the place of the previous war of words. Suspecting from the woman's lamentations and the fact that the man lay where he had fallen, that something serious had happened, I went up to see if I might be of any assistance, and found that the man was dead, his neck having been broken by the fall. (Allen)

박치기는 『고려사高麗史』에서 한희유와 위득유의 싸움을 통하여서도 잘 나타나고 있다. 무관 위득유는 무예에 능한 한희유의 가슴을 두 번씩이나 들이받았는데, 희유는 주먹질로 가까스로 득유의 공격을 물리쳤다고 한다(『고려사』 104권 열전 제17권 제신 금방경金方慶). 이러한 머리받기는 고려 무관들도 자연스레 하였다는 것을 보여준다.

A fight between two men, Han Hui-yu and Wi Deug-yu, described in the Goryeosa, included headbutting. Army officer Wi Deug-yu headbutted the chest of martial arts master Han Hui-yu twice, and Han barely managed to defeat Wi using punches (Goryeosa, Volume 104, Book 17, Jesin Geumbanggyeong). This suggests that army officers in Goryeo were skillful at headbutting.

고려시대부터 근세에 이르기까지 우리의 맨손전통무예는 용력勇力에 의지하며 손발, 그리고 온몸을 사용하며 차기, 치기, 박치기 그리고 유술을 사용, 넘기기까지 하는 일종의 종합무예로 보인다.

One can assume that Korea's traditional unarmed martial art, which existed from Goryeo to modern times, was a kind of comprehensive art based on power and strength which used the hands, feet, and the whole body to kick, punch, butt, grab and throw.

『재물보才物譜』에 '박재(撲梓 나무치기)같은 종류도 탁견이라 한다(手搏 爲卞 角力爲武 若今之托肩 撲梓之類亦托肩 手搏仝ㅇ今之手癖 雖與此不同 而當用此字)'라고 했으며, 『조광朝光』 7권 4호의 「조선무예와 경기를 말하는 좌담회」(조선일보사, 1941)에서 태껸에 대해 자세히 언급을 하고 있는데 그 일부를 발췌하면,

The Jaemulbo states, "Bakjae ("tree hitting") and similar kinds of activities are called takgyeon as well (手搏爲卞 角力爲武 若今之 托肩 撲梓之類亦托肩 手搏仝ㅇ今之手癖 雖與此不同而當用此字)." The Joseon Muyewa Gyeonggireul Malhaneun Jwadamhoe (Discussions on Korea's Martial Arts and Games) (Jogwang, Volume 7, Book 4. Joseonilbosa, 1941) has detailed information about taekkyeon:

"나무를 차서 배운 사람은 사람을 못 죽여도, 짚으로 배운 사람은 사람을 죽인다고 하지요!…짚을 차서 배운 사람은 가벼운 짚을 차서

착착 부러뜨리는 것이니 힘이 한정이 없단 말예요. 나무로 배운 사람들이 짚으로 배운 사람들에게 선생님 한다는 게죠. 두발당성이니 네발당성이니 하는 것이 태껸에서 나오는 말인데 여러 가지 기술이 많은 모양입니다. 이 사람들은 어디를 차면 죽고 어디를 차면 산다는 것을 다 알고 있습니다."라는 기록은 손발을 모두 사용했음을 증명해준다.

그리고 태껸의 고대 기록들에 '날아가서 상투를 찬다, 위험해서 금지시켰다.' 또는 '날아가서 서까래를 찼다'라는 기술은 한결같이 강한 이미지를 상기시킨다. 경기태껸의 현재 부드러운 모습과 차이가 있다는 것은 앞서 언급한 살수와 경기기능의 중층구조 때문에 생긴 오류다.

Those trained by kicking wood cannot kill, but those trained with straw can! ⋯ The straw-trained can even break feather-like straw with kicks, which means their power is unlimited. Therefore, those trained with wood call the ones trained with straw "masters." Dubal dangseong, nebal dangseong and others are taekkyeon terms, so I assume it has many skills. They know very well where to kick to kill, and where to kick to avoid killing.

This demonstrates that taekkyeon players used to use both their hands and feet. Techniques mentioned in old descriptions, such as "they jump high and kick the topknot, it is dangerous so it was prohibited" and "they jumped high and kicked the rafters," seem very strong and robust. One may consider taekkyeon to be very smooth and weak judging only from today's taekkyeon games, but this is a misunderstanding, being unaware of the dual aspect of taekkyeon as both a means of combat and a game.

한국 전통무예에 대한 인식구조는 '무예는 전시에는 살인기술이고, 평화가 찾아오면 다시 유희적 무예가 되며, 다시 오랜 전쟁이 지속되면 기존의 기법들은 또한 그 시대에 맞게 변한다.'라는 표현처럼 『고려사高麗史』에 나오는 유희적이고 경기적인 개념의 수박희手搏戲와 사람을 살상하는 기능을 지닌 수박手搏과 그 맥을 같이한다. 이후 해방이 되고 일제강점기의 부담이 사라지면서 우리나라의 독특한 민족성 가운데 하나로 '유희를 통해 전투를 연습한다.'라는 표현처럼 즐기려는(유희) 내적인 욕구가 구체화 된 것이 태권도의 경기화이다. 이것은 전쟁이나 전투기술의 심각성을 유희를 통해 즐기면서 쉽게 풀어내려는 우리 민족의 독특한 기질 중에 하나로서 '흥과 신명'과도 유관하다.

Like the expression, 'Martial arts are for killing in war, entertaining in peace, and their skills change in a prolonged war,' subakhui in the Goryeosa, which was played as a game, and subak which had lethal techniques, share the same essence. After Korea recovered its independence from Japan, Koreans' desire to "practice fighting through play" materialized as the sport of taekwondo. It is one of the unique characteristics of Koreans to soften and simplify serious combat skills through entertainment, which Koreans call "heung and shinmyeong" (excitement and joy).

태껸의 명맥을 전수한 인물
Grandmasters of Taekkyeon

위대태껸 명인, 임호(林虎: 1882~) 선생님께서는 당대 저명한 한학자이자 태껸의 최고봉으로 장안 8대 장사 중에서 우두머리, 인왕산 호랑이라는 별명을 가질 정도로 위대태껸의 명인이고, 돌절구를 한 손으로 들었다 놓았다 할 정도로 힘이 장사이고, 태껸 기술을 번개 치듯 구사하였다고 한다. 또한 한학에 조예가 깊고 인품이 뛰어난 선비였다.

Im Ho (1882 -) was a grandmaster of widae taekkyeon as well as a renowned Confucian scholar. As a great player of taekkyeon, he was nicknamed the "Tiger of Mt. Inwang and was the leader of a group called Seoul's Eight Greatest Warriors." They said that he was strong enough to lift a large stone mortar with one hand and as fast as lightening. Im also had profound knowledge of Chinese classics and excellent personal qualities.

송덕기(宋德基: 1893~1987) 선생님은 '태껸의 명인 임호林虎'로부터 태껸을 배웠다. 인왕산 밑 사직골 토박이로, 그의 집안은 여러 세대에 걸쳐서 대대로 태껸 일가를 이루고 있었고, 부친인 아버지 송태희 씨도 역시 태껸의 대가였다. 당시에 태껸을 천민이나 하는 상스러운 일로 여겨서 지도를 꺼리는 것이 보통이었는데, 장안 8 장사 중 한 명인 둘째 형님의 막역한 친구이던 임호 선생이 그를 제자로 거둔 것이다.

사직골에서 송태희宋泰熙씨의 7남 7녀 중 막내로 태어난 송덕기 선생님은, 12세부터 사직골의 황학정 옆의 '감투바위' 빈터에서 태껸을 익혔으며, 그로부터 18년 동안 선생이 타계할 때까지 수련을 계속했다. 20세부터는 마을 태껸하는 사람들과 어울려 함께 사직골, 무와관, 유각골, 옥동, 애오개 (아현동), 삼청동 등지에서 태껸 경기를 벌였다.

Master Song Deok-gi (1893 - 1987) learned taekkyeon from Grandmaster Im Ho. He was born in Sajikgol Village at the foot of Mt. Inwang. Master Song's family had already established authority in taekkyeon for generations, and his father Song Tae-hee was also a grandmaster of taekkyeon. In those days, people were reluctant to teach and learn taekkyeon as it was considered an activity for the lower class. However, Im Ho, a close friend of Song's second eldest brother who was a member of the Eight Greatest Warriors, accepted Song as a pupil. Song Deok-gi was the youngest among Song Tae-hee's seven boys and seven girls. He began learning taekkyeon at the age of 12 near Gamtu Bawui next to Hwanghakjeong Pavilion. He continued training for 18 years until his master passed away. At 20, Song began joining taekkyeon games in the areas of Sajikgol, Muwagwan, Yugakgol, Aeogae (Ahyeon-dong) and Samcheongdong.

태껸은 일제 식민지 시대 문화 말살 정책에 의해서, 그 명맥이 끊길 뻔하였지만, 송덕기 선생에 의해 겨우 그 명맥이 이어져 오늘에 이르고 있다.

Taekkyeon almost disappeared during the colonial era due to Japan's policy of cultural annihilation, but it was preserved by the efforts of Master Song Deok-gi.

정부에서는 한국의 전통 기技·예능을 보존 육성시키기 위하여 1962년 1월 10일 법률 제961호 문화재보호법을 공포하였다. 연극이나 음악·무용·공예 기술 부문에서는 이미 여러 종목에 걸쳐 중요무형문화재 지정이 있었다. 송덕기 선생(1893~1987, 중요무형문화재 제76호 기능보유자, 윗대택껸)에게 1972년대 초부터 택견을 전수받고 있던 신한승 선생(1928~1987, 중요무형문화재 제76호 기능보유자, 아랫대 태껸)은 택견을 중요무형문화재로 지정받을 결심을 하게 되었다. 이러한 신한승 선생님에 의해서 태껸은 무예 부문에서 제1호로 1983년 6월 1일 처음 '택견'이 중요무형문화재 제76호로 지정되었으며, 송덕기와 신한승이 기능보유자로 인정되었다. 그러나 1987년 7월 2일 신한승 선생님이 타계하고, 같은 달 7월 23일 송덕기 선생님께서 타계하셨다.

On January 10, 1962, the South Korean government enacted the Cultural Protection Act (Korean Act No. 961) in order to preserve and develop traditional Korean skills and arts. Many people in drama, music, crafts and arts were designated as intangible cultural assets. In 1972, Master Shin Han-seung (1928 – 1987, araedae taekkyeon) was learning from Master Song Deok-gi (widae taekkyeon), and he decided to apply for recognition of taekkyeon as a cultural asset. Thanks to Shin's efforts, on June 1, 1983, taekkyeon was designated as Important Intangible Cultural Asset No. 76, the first time for a martial art, and masters Song and Shin were recognized as holders of the asset. Unfortunately, Master Shin passed away on July 2 1987, followed by Master Song's death on July 23.

그러나 다행히 1969년 늦가을부터 같은 동네에 살고 계셨던 송덕기 선생님께 태껸을 지도받은 고용우(1952~현재) 선생님에 의해 위대태껸이 전수되고 있다. 또한 송덕기 선생님의 부름에 의해서 1983년~1985년까지 국가전수자인 이준서 선생님과 함께 2년여간 태껸을 집중적으로 배우면서 정리했다. 이후 도미渡美하여 로스앤젤레스에서 1998년부터 위대태껸 수련원을 열어 태껸의 정리 및 전수에 전념하고 있다.

Fortunately, Master Ko Yong-woo (1952 - present), who lived in the same neighborhood as Master Song, had learned taekkyeon from him since the autumn of 1969 and became a successor of widae taekkyeon. Master Song taught Master Ko along with Master Lee Jun-seo, a state-acknowledged successor of taekkyeon, from 1983 to 1985, and together they summarized the foundational elements of widaetaekkyeon. Master Ko subsequently moved to the United States and has been practicing and teaching widae taekkyeon in Los Angeles since 1998.

고용우 선생님은 태껸의 기본기술과 활개짓, 손질, 발길질, 태질, 신주 그리고 태껸 가르침의 마지막 단계인 태껸무고춤 12마당 등의 실전기술을 전수받으셨고, 태껸 기술의 본래 이름들을 보존하고 있다.

Master Ko was taught the basic skills of taekkyeon, hwalgaejit (arm swinging), sonjil (hand techniques), balgiljil (kicks and sweeps), taejil (throwing and tripping), sinju (joint locks), and the final lesson of taekkyeon, the 12 part mugochum or taekkyeon dance. He has beendevoted to preserving the original names of taekkyeon techniques.

임호 선생(필운동), 송덕기 선생(사직동), 고용우 선생(사직동), 이준서 선생(필운동)은 모두 우대지역에서 태어났거나 살았던 분들로 위대 태껸 전승자이다.

Masters Im Ho (Pirundong village), Song Deok-gi (Sajikdong village), Ko Yong-woo (Sajikdong village) and Lee Jun-seo (Pirundong village) were all born in or residents of the widae area and were successors of widae taekkyeon.

송덕기 선생과 고용우 선생
Masters Song Deok-gi and Ko Yong-woo

조선 아동무예에 대한 인식과 격투기를 통한 내기

Centering on children's recognition of martial arts and martial arts betting in the jeson Dynasty.

조선은 숭유崇儒와 주자학朱子學이 지배한 사회로서 문文을 숭상하고 무武를 천시하는 숭문천무 경향이 성행하였는데 그러한 상황 속에서 대부분의 무예들은 민중의 몫이었다. 특히 놀이문화가 발달하지 않은 당시에는 놀이와 일이 별반 구분되지 아니하였고 무예 또한 놀이와 크게 구분되지 않았기에 민중들은 심각하면서도 각박한 무예의 속성을 상당 부분 순화시켰다.

Martial arts were considered a kind of play for children. Among adults, gentlified martial arts were popular as an entertainment for various events including the Royal banquets. To children sword dance, archery, *Taekkyeon*, and stone fights were all play. These included war games as well. Even *gisengs* learned martial arts as a pastime and an entertainment for feasts. They used to perform horseback spearmanship, two swords-fencing, and sword dance. There are records found across the country that young *gisengs* performed sword dance.

전통무예는 심각하고 각박한 무예의 속성만 존재했던 것이 아니라 아이들에게 무예도 놀이의 일종이었고 성인들에게는 어전행사를 비롯한 주석의 여흥행사에서도 순화된 무예는 각광을 받았다. 한편 비교적 덜 순화된 무예는 내기의 중요한 소재이기도 했다.

The traditional Korean martial arts' characteristics as play, a pastime and entertainment are thought to be associated with the Korean people's temper. Betting on martial arts fight was widely prevalent, which often led to violent scuffles. This made betting prohibited by law at that time. In addition, stone fights between villages occasionally resulted in casualties.

아이들에게 무예는 검무, 활쏘기, 택견, 석전 등이 모두 놀이의 하나였으며 응당 전쟁놀이도 포함되었다. 기생들도 풍류로서 그리고 주석의 여흥으로 무예를 익혔는데, 북쪽의 연행길에 소재한 의주에서는 말을 타고 하는 기창騎槍, 쌍검雙劍과 검무劍舞가 현란한 퍼포먼스로 선을 보였으며 특히 나이 어린 기생들의 검무는 전국에서 확인된다. 검무는 무인武人들의 퍼포먼스로 등장하는데, '마상재 오순백吳順白의 검무劍舞에는 구경꾼들이 담을 친 듯이 많이 모였다.'는 기록이 보인다.

무예로서 놀이나 풍류 혹은 여흥으로서의 속성은 민족적 기질과 유관한 것으로 보이는데, 모든 무예의 속성이 어느 정도 순화한 모습만 있는 것은 아니었다. 특히 격투기를 이용한 돈내기가 성행한 까닭에 다소 과격한 몸싸움이 벌어졌으며 돈내기가 국법으로 금지까지 한 대상이기도 했다. 그리고 마을 간에 발생하는 석전에서는 사상자가 나기도 했다.

서울의 무형유산 결련結連태껸과 석전石戰
Seoul Intangible Heritages Gyeollyeon Taekkyeon and Seokjeon

서울의 결련태껸과 석전은 편싸움이라는 세시풍속으로 공시성·동시성의 상호연관성을 가지고 있다. 즉, 결련태껸과 석전은 통시적 흐름에 따라 민중 속에서 배태胚胎되어 생장 전파되면서 시간적·공간적 유전流傳하는 사이에 상관성이 있다.

Both being a type of mock fight, Gyeollyeon Taekkyeon and Seokjeon are interrelated and share synchrony as seasonal customs in Seoul. In other words, Gyeollyeon Taekkyeon and Seokjeon are interrelated as they were born from and grown among the public and were temporally and spatially disseminated in diachronic flows.

결련태껸과 석전은 두 마을 간에 연례적으로 편싸움으로 정월 보름 등에 같은 장소에서 이루어졌다. 서울의 사직골社稷洞, 유각골, 삼청동, 옥동, 인사동, 삼청동, 구리개乙支路 入口, 만리현萬里峴, 삼문三門 안과 왕십리, 모화관募華館, 애오개, 마포(마포대교 언저리), 서강, 양화진, 한강진, 와우산(마포 소재), 용산강(용산), 삼문 밖에서 벌어졌다.

Gyeollyeon Taekkyeon and Seokjeon were annual mock fight rituals between two villages that took place in a regular venue on certain days, for example the first full moon of the lunar year. Gyeollyeon Taekkyeon and Seokjeon took place in

Sajikgol, Yugakgol, Samcheongdong, Okdong, Insadong, Gurigae, Manrihyeon, areas inside the three gates of Seoul, Wangsimni, Mohwagwan, Aeogae, Mapo (near Mapo Bridge), Seogang, Yanghwajin, Hangangjin, Wausan (in Mapo), Yongsangang (in Yongsan), and areas out of the three gates.

태껸과 석전은 조선 초기 왕실에서 즐겼지만, 시간적 흐름에 따라 일반 백성들의 풍속으로 유전되었다. 결련태껸과 석전에 참가한 신분은 어린 아이부터 어른까지, 보부상과 독립협회 회원, 매질꾼, 왈자, 하급무관, 별기군, 별순검 등이 있다.

Taekkyeon and Seokjeon was initially played by the royals in the early Joseon Dynasty. It was then disseminated among the public over time. Social status-wise, Gyeollyeon Taekkyeon and Seokjeon were played by the young and old, peddlers, members of the Independence Club, thugs, gangs, low-rank military officers, members of Byeolgigun troops, and police officers.

결련태껸은 맨손 편싸움이고, 석전은 돌, 곤봉(몽둥이, 육모방망이), 망패 등을 사용하는 편싸움이다. 결련태껸과 석전은 상무적 놀이로 사망까지 발생할 정도로 치열한 난투극이 벌어지는 전투놀이였다.

Gyeollyeon Taekkyeon was a bare-handed mock fight, and Seokjeon was a mock fight using stones, clubs (sticks and six-sided clubs), and slings. Gyeollyeon Taekkyeon and Seokjeon were a martial, fierce melee that occasionally resulted in fatalities.

결련태껸과 석전은 풍년을 기원하는 세시풍속이었다. 결련태껸과 석전은 이해관계에 있는 집단 간의 갈등을 해결하는 해방구였다.

Gyeollyeon Taekkyeon and Seokjeon were seasonal customs to wish for rich harvest. Gyeollyeon Taekkyeon and Seokjeon served as a haven to resolve conflicts between groups.

작자 미상의 평양도平壤圖의 석전(서울대학교 박물관)

결련태껸
Gyeollyeon Taekkyeon

태껸은 구한말에서 일제강점기 때까지도 서울 주변에서 부분적으로 행해졌다.

Taekkyeon was practiced in certain areas around Seoul in the late Joseon era and the Japanese colonial period.

결련태껸은 여러 사람이 편을 갈라서 서로 겨루는 태껸이다. 이는 1년 동안 계속하는 것이 아니라 단오端午 무렵에만 이웃 마을 태껸패들과 기술을 겨누는 것으로 단오를 앞둔 보름이나 열흘 동안 하는 것이 그때의 풍습이었다. 현재에도 전국에서 많은 단오 축제가 열린다. 단오는 태껸을 같은 마을과 얼르는 것이 아니라 다른 마을 사람들과 겨루었다. 그리고 태껸은 낮에 겨루는 것이 아니라 언제나 밤에만 겨루었는데, 이는 법으로 금지한 탓이었을 것이다.

Gyeollyeon taekkyeon was a group competition. It was commonly held during the Dano festival, which is still celebrated by many communities in Korea. The festival was on the fifth day of the fifth lunar month. At that time, a village's taekkyeon team would visit another village to hold a competition, which could last from 10 to 15 days. On these occasions taekkyon players competed only against those from other villages and not from their own communities. Taekkyeon games were always held at night, probably because they were prohibited by law.

태껸의 복장은 특별한 것이 없고 주로 고의적삼에 솜버선발로 하였으며, 고의적삼은 평상복이다. 경기 방법은 여러 명의 선수를 선발하여 승리자는 다른 선수와 계속 겨루는데, 한 사람을 이기면 한 마당, 두 사람을 이기면 두 마당이 되어 열두 마당을 최고로 쳤다. 한 마당을 이기면 태껸판을 돌면서 춤을 추면서 우쭐거리는데, 대개 서너 마당을 계속 이기면 더 이상 도전자가 나서지 않았다.

No special uniform was required. Players usually wore summer trousers and jackets, which were ordinary daywear, along with cotton padded socks. After winning a match, a player would face other opponents consecutively until he was defeated or won 12 matches in a row. After a match, the winner would walk around the playing field and taunt his opponents. Usually, a player who won three or four times in a row would receive no more challenges.

예로부터 사대문四大門 안에서 행해지던 태껸을 위대(윗대)태껸 이라고 하였고, 사대문四大門 밖에서의 태껸을 아래대(아랫대)태껸 이라고 불렀다. 경기에서 이긴 선수들을 마을 사람들은 영웅과 같이 환영하고, 며칠간 선수에게 음식을 극진히 대접했다. 당시 태껸의 인기를 짐작할 수 있다.

In those days, taekkyeon played within the boundary of the four gates of Seoul was called widae (or witdae) taekkyeon, while that played outside was called araedae (or araetdae) taekkyeon. Villagers welcomed the winners like heroes and treated them to good food for several days. From this one can understand how popular taekkyeon was at that time.

택견의 수련 계층
The types of social classes practicing Taekkeyon.

과거 택견 수련 계층의 기록을 살펴보면 다음과 같다.

아이들의 놀이와 1864~1869에 쓰인 것으로 추정되는《남원고사》에서 왈자들이 직접 하던 택견에 대한 기록이 있다.

초기 미국 이민자들의 가운데 한인 상당수의 광무군(대한제국군인)이 택견을 했다는 증언 등이 있으며, 신흥무관학교 유술이라는 정규과목으로 포함된 것으로 유추된다. 또한 송덕기옹도 KBS(1984) 문화강좌 '선조의 수련세계 택견'에서 깡패나 별기군과 별순검이 택견을 했다고 증언했다. 즉, 현대식으로 표현하자면 어전 시위를 포함한 시위나 군인이나 경찰이나 깡패나 모두 택견을 했다.

석전石戰의 전초전에서 싸움패들이 택견으로 시작되었고, 투석投石이 진행되면서 공방攻防이 이어질 때면 몽둥이와 택견으로 근접전이 벌어지기도 했다. 그래서 매일신보 기사에 일종의 무예를 연습하는 것으로 기록하고 있다. 조선 말기 외국인의 기록에 돈내기를 위한 택견 경기나 이를 뒷받침하는 송덕기 옹의 증언까지 전해 온 것이다.

왈자들 가운데에는 소위 현대의 폭력조직 해당하는 검계가 포함되어 있었다. 추려보면 극히 제한된 부류만이 택견을 행한 것으로 여겨지지만 당시 사회상에 견주어 볼 때 제한된 부류라기보다는 사회 전반으로 확산시킬 수 있다.

The results of literature reviews with regard to the social classes of people practicing Taekkyeon are as follows.

Traces of Taekkyeon were found in children's play. Also, 〈Namwongosa〉, which was considered to be written during the period of 1864~1869, recorded that middle class citizens called Walja practiced Taekkyeon.

Testimonies were made that a majority of Gwangmu-gun (soldiers of Korean Empire Armed Forces) among the first-generation Korean immigrants to the US performed Taekkyeon. It was inferred that Taekkyeon was included in the regular curriculum of Sinheung Military School under the title of 'Jujutsu.' In a cultural lecture titled 'a world of Taekkyeon training of our ancestors' aired on KBS in 1984, master Song Duk-ki said that gangsters or the Byeolgigun (Special Army), and the Byul Soon Gum practiced Taekkyeon as well. Namely, the royal guard including emperor's bodyguards, soldiers, policemen, and gangsters all trained Taekkyeon.

A gang of roughs was engaged in Taekkyeon fight, prior to a stone-throwing battle and a series of adjacent battles was fought by using sticks and performing Taekkyeon as they got fierce while throwing rocks. Hence, Maeil Sinho (Daily News) reported that they practiced certain forms of martial arts. Also, Taekkyeon contests with money at stake were witnessed by foreigners at the end of Joseon Dynasty and its supporting testimony by the master Song were found.

There were Gumegye among Walja. Gumegye could be explained as today's violent street gangs. In summary, it was known that although Taekkyeon was practiced by a limited number of social classes, such groups could be expanded to include the entire society, considering the circumstances of the that time.

송덕기 명인과 김수 사범 '칼잽이'

항일 독립운동과 택견
Independence Movement against Japan and Taekkyeon

항일 독립운동의 중요한 수단으로서의 택견의 가치와 국외의 항일 독립운동과 택견과의 관계를 살펴본 결과 다음과 같다.

A study about the value of Taekkyeon as an important means for independence movement against Japan and a relationship between Taekkyeon and overseas independence movement against Japan.

택견이 항일 독립운동 수단으로 활용되어 일제의 민족문화 말살 정책에 의해 '택견 탄압'이 이루어졌다. 택견을 바라보는 항일독립운동가와 친일파 간에 전혀 다른 두 개의 시각이 존재하고 있으며 이러한 시각차는 적어도 일제강점기라는 시대적 배경과 관련이 있는 것으로 보인다.

It seem that Taekkyeon was suppressed as part of policy to obliterate Korean culture as Taekkyeon was used as means to conduct independence movement against Japan. There were two totally different views to Taekkyeon among anti-Japanese independence activities and pro-Japanese traitors. Such discrepance seems to be associated at least partly with the background of the period during the Japanese colonial era.

조선 말엽까지 왕성하게 유행하던 태껸은 일제강점기에 들어와서 쇠퇴하기 시작했다. 일제가 태껸을 금지했다는 문서기록은 찾아볼 수 없으나 송덕기와 고령자로서 태껸에 대해 알고 있는 사람들은 한결같이 일제가 태껸을 금지했다고 증언하고 있다. 일제는 명분상 태껸이 미풍양속을 해친다고 몰아붙여 태껸판을 열지 못하게 하였다. 심지어 어린아이들이 장난삼아서 하는 애기 태껸마저 순사들이 채찍을 휘두르며 쫓아다니면서 말렸다고 한다. 순순히 말을 듣지 않을 때는 그 마을의 어른이나 집안 어른을 위협하였으므로 청소년들은 어른들의 간곡한 만류 때문에 결국에는 태껸을 멀리할 수밖에 없었다는 것이다. 일제강점기 때에는 일본인들이 태껸을 엄하게 금하였으므로 태껸을 하다가도 멀리 순사가 보이기만 하면 재빨리 피신을 해야지, 잡히면 치도곤을 맞았다고 한다. 또한 김홍식은 일본 순사들이 태껸을 하면 사형시켰다고 한다.

Once widespread until the end of Joseon, taekkyeon began to decline in the colonial era. There is no documentary evidence that the Japanese prohibited taekkyeon, but Master Song Deok-gi and his contemporaries spoke with one voice that taekkyon was banned. The Japanese colonial government justified its prohibition of taekkyeon saying it was harmful to Korea's beautiful and fine traditions. Some related that the police used whips to scatter children who tried to play taekkyeon. If they refused to obey, the police threatened adults and family elders in the community, so young people had no choice but to stop training for fear that their elders might be affected. Even if they were able to practice, taekkyeon trainees had to flee whenever they saw a police officer coming, otherwise they would end up being whipped. Kim Hong-sik, a taekkyeon player from that era, testified that Japanese police officers even killed those caught doing taekkyeon.

한양명(1996)은 1911년 제정된 '범죄즉결령犯罪卽決令'을 이용하여 우리의 민속놀이문화를 치안 상, 풍속 저해, 미신, 경제적 이유 등을 들어 금지한 것에 대해 민족문화 말살에 목적이 있는 것으로 짐작하고 있다. 일제가 1926년 '폭력행위 등 처벌에 관한 건'이라는 '특별법령'을 만들어 상무적 기상을 가진 석전, 동채싸움, 장치기 등을 엄격히 금지시킨 것으로 보아 특히 무예 요소를 지닌 태껸은 우선 금지 대상에 포함되었을 것이다. 해방이 되어 태껸을 마음 놓고 할 수 있는 자유는 회복되었으나 태껸인 들은 이미 거의 사라져버린 후였다. 이러한 수난을 겪으며 오늘에 이른 태껸은 오직 한 사람의 생존 태껸인 故 송덕기 선생님에 의해 그 정신이 이어졌다.

Han Yang-myeong (1996) asserted that the Japanese colonial government's Summary Ordinance on Crime, implemented in 1911, which prohibited traditional Korean folk game culture for security, economic and anti-superstitious reasons, effectively aimed to annihilate Korean culture. Given that Japan enacted a special law titled "Punishments for Acts of Violence" in 1926 which prohibited games and competitions that resembled warfare, such as rock-throwing fights, dongchae battles (in which two teams compete with large, triangular wooden rams), and jangchigi (a game resembling field hockey), it is likely that taekkyeon, as a martial art, was included on the list of prohibited activities.

After Korea regained its independence people were freed from the prohibition. However, by that time most taekkyeon players had already disappeared. Despite these hardships, taekkyeon was preserved thanks to the devotion of Master Song Deok-gi.

항일 독립운동가 중 택견과 관련이 있는 인물로 김구, 서재필, 박춘병, 한일동 등이 있다. 그 외 택견과 관련된 인물로 경기도 김경운(1876년생)과 김영식 등 다양한 택견인들이 독립운동에 동참했음을 알 수 있다.

Fighters for independence from Japan, who are related to Taekkyeon, include Kim Gu, Seo Jae-pil, Park Chun-byeong, and Han Il-dong. It is known that Kim Kyeong-woon and Kim Young-ski, who were related to Taekkyeon participated in independence movement.

그 중 김영식金英植 노인은 젊었을 때 우리나라 고유의 운동인 택견을 했다고 한다. 그가 일찍이 항일抗日 청년운동을 할 때에 삼각산 밑에서 지나가는 일본 무장 기마경찰을 날아가면서 발로 차서 마하馬下로 떨어뜨린 경력이 있다. 좌우간 83세의 노인인 그가 택견 시범을 보이면 구경하는 젊은 청년들이 눈이 어지러울 정도로 그는 몸이 날쌔었다(경향신문, 1974년 12월 30일자(칼럼/논단) '바둑 야화(夜話)〈357〉 제58화 기인(奇人) 김영식').

Taekkyeon was also associated with the liberation armies of Korea, which trained in Manchuria and other areas during the colonial era. Kim Yeong-sik was one liberation army soldier who trained in taekkyeon when he was young. People said that in his youth he jumped like a bird in the air and kicked an armed Japanese policeman off his horse. Even when he was in his 80s, Kim captivated everyone's eyes wheneverhe performed taekkyeon (The Kyeonghyang Shinmun, December 30 1974, column titled Secret Stories of Baduk: No. 58, Kim Yeongsik the Eccentric).

또한 만주에 독립군으로 가기 전에 왕십리에서 밤에 몇 명이 모여 태껸을 수련 했으며, 한민족독립 운동사 자료집 69권을 보면, 증인 김해진호金海珍瑚 신문조서에서 당우棠隅체육회 임원명단에서 택견부장 박춘병朴春秉을 찾아볼 수 있다. 그 중 "수원水原고농 축구부는 조선인 학생만으로 조직되어 일치단결해 일본인 학생에게 대항하고 있다는 것을 증인에게 말했다고 박춘병은 진술했는데 어떤가"라는 질문이 있듯이 일제에 대항하기 위해서는 태껸이 중요한 역할을 했을 것이다. 그로 인하여 일제는 태껸을 금지했을 가능성이 농후하다

It was said that people trained in taekkyeon every night in the Wangsimni area of Seoul before they moved to Manchuria to join the liberation armies. In the Korean People's Independence MovementSource Book (Book 69), there is a report of the interrogation of Kim Haejinho, from which one can find the name of Park Chun-byeong as head of the taekkyeon department in the Dangu Athletes' Club. In the report, there is a question: "They say Park Chun-byeong told you that the Suwon Farmer's High School Football Club consists only of Koreans and they are fighting against

Japanese students. What do you think abouth that?"

One can assume that taekkyeon played an important role for Koreans in fighting against the Japanese colonial government. There is a good chance that the Japanese colonial government prohibited taekkyeon for this reason.

대한제국 육군무관학교의 해산으로 하와이 이민자 중 500여 명이 포함되었는데 하와이이민 다큐멘터리에서 양주은옹은 '광무군들이 택견을 했다'라는 진술을 했다. 1977년 취재 당시 99세로 샌프란시스코에서 말년을 보내고 있었던 1세 동포 양주은옹은 일본인들을 택견으로 혼을 내주는 일화에 대해 언급했다. 또한 멕시코의 한국인들은 더욱 대담하게 행동해서 멕시코 일본대사를 구타하기도 했다.

하와이와 미주 본토의 헤스팅스 소년병학교 및 하와이의 국민군단 사관학교와 더불어 멕시코의 숭무학교는 북미 한인사회에서 무관 양성을 표방한 대표적인 학교인데 교과목에 택견이 존재했을 가능성이 농후하다.

1919년 만주 신흥무관학교의 교관들은 대한제국의 무관 출신들로, 신흥무관학교의 체육 활동 가운데에는 격검·유술이 포함되어 있는데, 교과목의 유술柔術이 택견일 개연성이 높다. 이는 미국 본토에서조차 군 출신자들이 택견을 한 것으로 언급되고 있으며 실제 서울·경기 지역의 군 출신자들은 상당수가 택견을 익히고 행한 것으로 알려져 있다. 또한 독립운동가 자산 안확(1940)의 '유술이 택견'이라는 기록 등으로 보아 개연성이 높다고 추측할 수 있다.

우리 민족에 의해 발달하여 온 택견은 일제강점기에 금지되었을 뿐만 아니라 민족문화 말살 정책에 의해 택견의 인식이 놀이화된 이후 현재까지 이러한 인식은 계속되고 있다. 물론 택견은 무예성과 놀이성이 공존하여 전해지면서 어린이들에게는 상무적 놀이로 성인들에게는 무예로 전해져 오고 있다.

우리 독립운동사에 분명 택견의 역할이 적지 않았을 것이 분명하지만 한정된 자료밖에 인용할 수 없는 현실이 안타깝다. 더 많은 자료의 발굴로 독립을 위해 자신과 그리고 가족의 피와 생명을 바친 선열들의 넋을 위로할 수 있는 계기가 오기를 기대해 본다.

이러한 연구 결과에 비추어 볼 때 항일 독립투쟁을 위해서 택견은 중요한 신체 훈련으로 활용되었다. 암울한 시기를 맞아 택견이 민족의식을 고취하고 어둠을 밝히는 등불의 역할을 했다면 후손 된 우리는 그 빛을 다시 밝혀 새로운 성장 동력으로 삼을 수도 있다.

It is highly likely that fighters for independence who were from the Korean Empire Armed Forces adopted Taekkyeon as their military training.

It is assumed that it is highly likely that Taekkyeon was the subject of jujitsu in Korean emerging martial arts school.

해방 후
After Liberation

해방 후 1958년 이승만 대통령 탄신기념 경찰 무도대회에서 송덕기는 경무대의 요청으로 태껸 시연을 보이게 되었다. 신명이 난 송덕기는 함께 시연할 태껸인을 찾아 백방으로 알아보았으나 예전에 그렇게 많던 태껸인이 한 사람도 남아있지 않았다. 별수 없이 예전에 임호로부터 태껸을 함께 배웠던 이웃에 사는 김성환이라는 사람에게 부탁하였다.

김성환은 일제강점기에 집안이 아주 망하자 실의에 빠져 매일 술에 취해있던 폐인이나 다름없어서 이미 태껸 기능도 제대로 발휘할 수 없는 처지였으나 그 사람 외에는 달리 태껸인을 찾을 수가 없었다는 것이다. 1964년에는 한국일보에서 송덕기를 취재하여 인간문화재로 소개하기도 했으나 별다른 관심을 끌지 못하였다.

After Liberation in 1958, Song Deok-ki was asked to demonstrate Taekkyeon by the Gyeongmudae (The National Police Agency) at a police martial arts competition in honor of President Syngman Rhee's birthday. Song enthusiastically searched all around for another Taekkyeon player who could demonstrate it with him, but he could find no one. He then asked his neighbor Gim Seong-hwan, with whom he had learned Taekkyeon from Master Im Ho in the past. Gim's family had lost everything during the colonial era, so he had become a dysfunctional alcoholic. Even though Gim could no longer perform Taekkyeon properly, Song had no other option and managed to have a demonstration with him. In 1964 the Hankuk Ilbo, a South Korean newspaper, published an article introducing Song as a cultural asset, but there was no special interest from the public.

1958년 박철희의 청와대 경무대 태껸권법부 사범 시절(1957-1960)
뒷줄 중앙 송덕기 선생, 박철희 사범(좌측 옆), 김수 사범(우측 옆)

송덕기 선생과 박철희 사범
Song, Deok-gi and Park, Cheol-Hee

유네스코(UNSCO) 인류무형유산으로 등재한 태껸

Taekkyeon Recognized by UNESCO ae Part of the World's Intangible Cultural Heritage.

2011년 11월 28일 인도네시아 발리에서 열린 제6차 유네스코 무형유산위원회에서 무예로는 세계 최초로 택견(태껸)이 유네스코 인류 무형유산으로 등재되었다. 고구려시대부터 2천 년 동안 명맥이 이어져 내려온 전통무예 '태껸'은 춤추듯 율동적인 동작으로 상대를 제압한다는 특징을 갖고 있다.

The 6th UNESCO Intangible Cultural Heritage Committee held in Bali, Indonesia on November 28, 2011 formally recognized Taekkyeon as a part of the world's intangible cultural heritage, the first time for a martial art. UNESCO describes Taekkyeon as a traditional martial art originating in the Goguryeo era 2,000 years ago, which uses dance-like rhythmic movements to vanquish an opponent.

2. 태껸의 특징
Characteristic of Taekkyeon

안자산安自山의 『동아일보』(1930.4.30.)
「奇絶壯絶하든 朝鮮古代의 體育」의 유술柔術

　태껸은 한민족 수천 년 이어져 온 맨손무예의 원형인 격투술이며, 한국의 고유무예인 태껸은 원시적인 호신술에서 나온 맨손 겨루기 무예이다. 발을 많이 쓰기 때문에 각희라고도 하며, 차고 때리는 격술보다는 상대의 힘이나 허점을 이용하여 차거나 걸어서 넘어뜨리는 동작을 기본으로 한다.

　Taekkyeon is a martial art that has been handed down from generation to generation in Korea for thousands of years. It a way of unarmed combat originating from an ancient art of self-defense. As it has many foot techniques, it is also called gakhui. The essence of taekkyeon is to kick or throw an opponent using the opponent's momentum and vulnerable areas, rather than merely beating an opponent with the hands and feet.

　태껸의 술기는 동작 하나하나가 별개의 것으로 떨어져 있는 것이 아니라 그때그때의 상황에 따라 손과 발의 움직임이 함께한다.

　Each technique of taekkyeon is connected to the others. Hand and foot techniques are synchronized with each other according to particular situations.

태껸의 동작을 크게 구분하여 품밟기와 활개짓, 발길질, 손질로 나누어진다. 품밟기와 기본자세는 태껸의 근간이 된다. 태껸의 모든 기술들은 자세(겨누기)에서 시작되며 활개짓의 연결 흐름과 품밟기의 조화 속에서 그 특유의 공방과 몸짓이 나온다.

The movements of taekkyeon can be roughly divided into pumbalpgi (footwork), hwalgaejit (arm swinging), balgiljil (kicks and sweeps), and sonjil (hand techniques). Footwork and basic stances are the foundations of taekkyeon. Every technique starts with a stance (taking aim), and offensive and defensive movements come from the harmony of arm swinging and footwork.

품밟기는 걸음걸이를 하듯 자연스럽고 동작으로 전진과 후퇴가 민첩하고 타력을 높이기 위해서 한족장내에서 진퇴가 진행된다. 이는 상대의 공격으로부터 방어와 공격을 하기에 적합한 보폭이다. 상대와 거리가 멀면 잦은걸음으로 접근을 하고, 크게 내디디며 연이어 뒷발이 따라붙는다. 이것은 태껸의 발 간격이 넓으면, 태질 등으로부터 쉽게 공격을 당할 수 있기 때문이다. 신속하고 자연스러운 밟기가 가능해지면 실제적인 손기술과 발기술을 익히게 된다. 이러한 기술들이 숙달되면 마주대기로 이어진다.

A taekkyeon player does pumbalpgi as if stepping in a natural, ordinary way, but his steps forward and backward are very agile and swift. To increase striking power, every forward and backward movement is the length of a normal step. This is an ideal width for attack and defense. When advancing on an opponent, a taekkyeon player makes fast, repeated steps where one foot quickly follows the other. This is because stepping widely makes a player vulnerable to throwing and tripping, among other kinds of attacks. One should move on to training in actual hand and foot techniques only after becoming used to this agile footwork. After becoming proficient in these techniques, one may practice with other players.

송덕기 선생님은 고의적삼을 입고 짚신을 신고 태껸 시연을 했다. 두 발을 한 발의 넓이로 벌려서 왼발 오른발이 한 발 앞으로 밟고, 두 발을 한 족장 넓이로 벌려서 품밟기 자세를 취하고는 왼발 오른발이 한 발 앞으로 좌품 우품을 밟고, 두 팔을 아래위로 또는 양쪽으로 조화롭게 움직이면서 활갯짓한다. 굼슬르기에 맞추어 팔다리의 조화로운 움직임과 흥겨운 가락에 춤을 추듯 부드러운 움직이면서, 몸이 슬쩍 앞으로 다가서는 듯하다가 어느새 한 발을 앞으로 뻗어 차고 물러서는 듯하다가는 다시금 몸을 솟구쳐 왼발 오른발로 앞뒤 양옆을 뛰어 치고 찬다. 그 동작이 한순간 전광석화 같이 이루어진다.

Master Song Deok-gi used to demonstrate taekkyeon wearing a summer jacket and trousers, along with straw shoes. He would stand with his feet one foot-length apart, then do pumbalpgi by stepping forward with his left and then his right foot. He did hwalgaejit at the same time, harmoniously moving his arms up and down and back and forth. Smoothly shifting his weight and moving his arms and legs together, he looked like he was dancing to an uplifting melody. Then he would make a swift kick, retreat slightly and then jump forward, kicking to the front, back, left, and right with both feet. He did each and every movement at lightning speed.

태껸은 부드럽기가 봄바람 같아 바람에 휘청거리는 대나무와 같다. 손과 발이 쉬지 않고 부드럽게 움직이는 동작 속에 공격과 방어의 수가 함께 있어 흡사 춤을 추는 듯 보이는 것도 태껸만이 지닌 독특함이다. 세계에는 나라마다 독특한 여러 종류의 맨손 무예가 있어 저마다 위력과 기예를 뽐내지만, 나긋나긋한 부드러운 몸짓으로 온갖 공격과 방어를 다 해낼 수 있음은 아마도 태껸을 따를 게 없는 것 같다.

Taekkyeon moves like a gentle spring breeze and bamboo shaken by the wind. In its continual movement of hands and feet there are both offensive and defensive skills. The unique movements of taekkyeon even look like dancing. There are many unarmed martial arts in the world, each boasting its own unique power and techniques, but arguably taekkyeon is the only martial art that uses smooth, lithe movements for every sort of attack and defense.

활개짓은 새가 날개를 펼쳐서 날아가듯 양팔이 날개가 되어 움직이듯 자연스럽고 우아한 동작으로 진행된다. 활갯짓은 상대를 얼르는 동작과 걷어내는 몸짓으로 진행되며 이는 마치 학이 춤을 추듯 우아하고 율동적이며 자연스러운 모습을 이루어진다.

Hwalgaejit means to move both arms in a natural and graceful way like a bird's wings in flight. It consists of movements to distract an opponent and to block attacks. All the movements are elegant, rhythmic and natural like a crane delicately dancing.

태껸은 상대의 전방위全方位를 차기, 치기, 찌르기, 뜯기, 잡기, 걸기, 누르기, 조르기, 꺾기, 당기기, 밀기, 구르기 등 다양한 기술을 구사하며, 신체의 모든 부위를 사용한다. 또한 완급緩急과 대소大小의 조절로 끊임없이 반복 수련하여 타력을 키워야 한다. 태껸은 박자와 율동으로 구성된 매우 신속한 기술이다.

Taekkyeon has a range of techniques to kick, punch, thrust, grab, hook, hold, lock, twist, pull, push, and turn from every direction against an opponent, using every part of the body. As it is based on the balance of slow and fast as well as large and small movements, continual, repeated training is essential to improve striking power. Taekkyeon consists of agile and quick techniques performed with rhythm and tempo.

그 외에 덜미잡고 치기, 어깨치기, 팔꿈치기 등의 기술이 있으며, 상대의 멱살, 허리춤 등을 잡아채는 기술과 상대와 맞붙어서 어깨, 무릎, 발장심 등으로 중심을 흔드는 비비기, 허벅지를 밟고 얼굴을 무릎으로 공격하는 달치기, 상대의 머리를 돌려서 넘기는 목무장, 관절을 꺾는 신주 등이 있다. 또한 상대의 관자놀이를 박치기하는 관자붙이기 등의 살수殺手가 있다. 이는 태껸이 과거 전투기술로 사용된 것임을 증명해주는 것이다. 상대와의 백병전에서는 특정한 규칙이 없고, 승리하기 위해서 신체의 모든 부위를 무기화하여 사용하는 것은 필수적이었을 것이다. 그래서 현대의 종합격투기의 특성을 모두 지니고 있다.

Other techniques include striking the back of the neck, shoulder and elbow strikes, yanking an opponents's throat and pant waist, and unbalancing an opponent using the shoulders, knees and soles of the feet. Other techniques include dalchigi, a technique to step on an opponent's thigh and then jump up to strike his face with the knee, mokmujang, for turning an opponent's head and flipping him, and sinju, techniques for locking joints. There are also lethal techniques such as gwanja buchigi, head-butting an opponent's temple.

This shows that taekkyeon had been used as a combat skill. One can assume that hand-to-hand fighting on the battlefield had no rules, and a fighter had to use every part of the body to survive and win. In that sense, taekkyeon has all the characteristics of modern mixed martial arts.

태껸은 빠른 연결기술, 유연성, 순발력, 그리고 전신에 힘을 빼는 것이 크게 요구된다. 따라서 기본적으로 신체의 유연과 균형유지, 그리고 민첩성을 매우 중요시된다.

In taekkyeon, it is very important to swiftly connect techniques to each other, maintain flexibility and agility, and keep the body relaxed. Therefore, a flexible body, a sense of balance, and agility are essential.

태껸은 자연과 하나 되어 있다. 동작이 자연의 순리처럼 막힘이 없고 물이 흐르듯 바람이 나부끼듯 부딪히면 돌아서 가고 원에 원리를 가지고 있어 끊어짐이 없다. 끊어질 듯 이어지고 힘을 빼고 움직이는 모습은 흡사 춤을 추는 듯하다. 수련의 마지막 단계에서는 태껸무고춤을 추게 되는데, 밟기와 활갯짓의 조화로운 동작은 고대古代 우리 춤의 흥겨운 몸짓을 엿볼 수 있게 한다. 또한 동작에 무용적인 요소와 일

정한 리듬이 있다. 그 속에서 내재 된 우리 몸짓의 예술을 찾아볼 수 있어, 무술武術이나 무도武道라 하지 않고 무예武藝라고 한 것이다. 이러한 동작은 실전태껸으로서 모든 면모를 갖추고 있다.

Taekkyeon is harmonized with nature. Each movement resembles water flowing and wind blowing, smoothly flowing around obstructions. All the movements are circular and connected. The relaxed, continuous movements look like dancing. If fact, the highest stage of taekkyeon training is called taekkyeon mugochum, or the taekkyon dance. The harmony of pumbalpgi and hwalgaejit evokes the excitement of ancient Korean dance. Taekkyeon also has dance-like elements and rhythms in its movements, which come from the inherent artistic spirit of Koreans. That is why taekkyeon is conisdered a martial attainment (muye/무예/武藝), rather than a martial art (musul/무술/武術) or martial way (mudo/무도/武道). All the movements have qualities that can be used in practice.

태껸은 손과 발을 조화롭게 사용하여 심신을 단련하는 운동이다. 태껸 수련은 손발의 움직임이 경쾌해지고 온몸이 가벼워지는 등 신체 모든 부분에 활력이 넘치게 한다. 태껸의 과학적이고 체계적인 몸짓을 통해 창의성 발현하고 기본에 충실한 반복연습으로 선조들의 숨결과 지혜를 느끼고 깨달을 수 있는 훌륭한 호신술이다. 그 움직임이 부드럽고 율동적이어서 마치 춤을 추는 것 같은 동작을 보여준다. 따라서 남녀노소를 누구나 쉽게 배울 수 있다.

Taekkyeon is a sport for training one's mind and body by using the arms and legs in a harmonious way. Training in taekkyeon, one will find the hands and feet more agile, the body lighter, and every part of the body full of vigor. Taekkyeon is excellent for self defense since it is based on scientific, systematic movements which allow trainees to express their creativity, while connecting with and learning the wisdom our ancestors through repetitive training of basic techniques. All movements are smooth and rhythmic. It is easy for anyone, men and women, young and old, to learn.

1959년 송덕기 선생(右)와 박철희 사범(左) 경복궁 경회루

3. 태껸에 내재한 기합의 의미

The Gihap (Shout) in Taekkyeon

1963년 봄, 송덕기와 김창수(사진제공: 김수)

송덕기右와 고용우左(주부생활, 1985)

송덕기左와 고용우右(김정윤, 2002)

> 택견은 상대의 팔(손목)을 잡아 대기하여 발길질, 태질, 맴돌리기, 신주(풍수) 등 다양한 형태로 제압하는 것을 기본으로 한다.

무예로 잘 연마되어 있는 신체는 짧은 시간에 많은 양의 신진대사가 이루어질 수 있는 강한 호흡을 하게 된다. 기합 역시 강하고 짧은 호흡의 연장선상에 있다.

A well-trained body breathes strongly, promoting active metabolism. The gihap, or shout of concentration, is basically an extension of this strong, short breathing.

특히 태껸은 온몸에 힘을 빼고 하는 무예이다. 마치 공격 시 부드러운 채찍의 끝이 상대에 닿는 순간 힘의 결집이 요구되는 것처럼 그 순간에 기합은 공격의 핵이라 할 수 있다. 부드럽게 물이 흐르듯이 움직이다가 발길질 전에 자연스럽게 단전에 기운을 모으는 '허리재기' 자세에서 '익' 하는 기합발성이 이루어진다. '익'하는 기합은 음성모음으로 기운을 찰나적으로 자연스레 단전에 모은 기운을 갈무리하는 발성이다. 동작이 끝나는 순간 '크-' 하면서 숨을 뱉어내는데 강하고 짧은 호흡의 연장이며 긴장을 이완 시키는 방법이기도 하다.

Taekkyeon, in particular, requires a practitioner to relax his body. Just as a loose whip concentrates all its power in its tip when it connects with a target, the gihap is the core of an attack. Smoothly moving like flowing water, a taekkyeon player shouts "ik!" with the waist pressed forward (heori jaegi) in order to concentrate energy in the lower part of the abdomen (danjeon) before initiating a kick. The sound of "ik!" is a negative vowel, which is to concentrate energy in a single instant. The player exhales upon finishing a movement, "ku...," which is also an extension of strong, short breathing and a way to relax tension.

태껸은 품밟기를 통해 허리재기 동작이 이루어지고, 이는 '역동적 단전 운동법', '발성적 단전호흡법'이며 즉, 동적인 단전호흡법이 이루어진다.

또한 태껸은 품밟기를 통해 석문혈에 기운을 모으는 축기가 이루어진다.

In taekkyeon, pumbalpgi leads to heori jaegi. It is a dynamic movement of the danjeon and a vocalization of danjeon breathing. Pumbalpgi also serves as a way to concentrate energy in the lower abdomen.

벽돌이나 나무토막 격파 시 타격력을 확보하기 위해서는 속도의 생성이 필수적이다. 속도를 향상시키기 위해서 육체는 유연해야 하며, 충돌하는 순간까지 힘의 집중은 느슨한 상태에 있어야 한다. 충돌하는 순간에 온몸은 긴장하고 필요한 순간에 정확하게 온몸의 수축을 유도해 내는 것이 기합의 목적이기도 하다. 기합이 수반되지 않는 격파는 상상하기 힘든 법이다.

To have enough power to break a brick or block of wood, speed is essential. To increase speed, the body should be kept relaxed until the exact moment of contact, when the body tenses and contracts to exert power. That is the purpose of the gihap. It is impossible to imagine breaking demonstrations without this kind of shout.

무예가의 몸은 항상 부드럽고 유연한 상태에 있어야 한다. 과도한 긴장은 몸의 유연성과 속도를 떨어뜨린다. 그래서 결정적인 순간에 기합을 통해 집중된 긴장이 요구되는 것이다. 그 과정이 끝나면 바로 다시 이완된 상태로 돌아가야 하는데, 택견의 기합에서 '크허-' 하면서 숨을 뱉어내는 과정이 그 의미이다. 바로 그런 의미이다.

The body of a martial artist should stay smooth and flexible. Excess tension affects the body's flexibility and speed. That is why one should make a gihap at the precise moment to produce optimal body tension. Afterward, one should return to a relaxed state. In taekkyeon, loudly exhaling with the sound "ku…" enables this state.

사람이 위험을 감지하여 놀라게 되면 '악'하고 외마디 소리를 지르게 되는데, 에너지가 폭발하는 소리이며 짧은 순간에 엄청난 에너지가 동원되며 이때 정신적, 육체적으로 높은 긴장 상태가 된다. 그리고 이 긴장 상태가 이완되면서 '크허-'하고 숨을 뱉어낸다. 이런 긴장과 이완의 발성이 결합 되어 나오는 발성이 바로 '익크'라는 태껸의 기성이다. 즉 마지막 자음 중 'ㅋ'인 파열음에서 좀 더 긴장이 이완되면서 내쉬는 '허-'는 순간적인 지식止息을 통한 강한 내력 발산의 단초가 되면서 '크-'라는 이완이 일어난다. 기합에 부가되는 호기(발산)가 긴장의 이완과 유관하다는 표현들은 긴장해소와 근력 증가라는 공통점에서 적극적으로 진일보한 기합이라고 할 수 있다.

When a person senses danger and is frightened, he or she shouts "ak!" This is the sound of energy being powerfully released. As a huge amount of energy is used in a brief moment, the person's mind and body become very tense. Then, once the tension is relieved, he or she exhales with the sound "ku…" The gihap "iku" in taekkyeon is a combination of the sounds of tension and release. Extending through the last syllable after the plosive sound "ku," tension is released and exhaling with the sound "heo" serves as the foundation for exerting maximum power in a momentary pause between breaths, and "ku…,"the sound of relaxation, follows. As the exhalation that follows the gihap is associated with the release of tension, the shout is an advanced gihap that both relieves tension and improves strength.

기합이 주는 외적인 효과는 여러 사람들에 의해 제기되고 있다. 그러나 내적인 변화에 비해 좀 더 체계적인 자료나 기전(機轉, mechanism)들은 찾아보기 쉽지 않다.

Many have suggested that the gihap has external effects. However, there has been little data on internal changes or their mechanism by which they occur.

기합의 사전적 의미는 '특별한 힘을 내기 위한 정신과 힘의 집중. 또는 그 집중을 위하여 내는 소리'이다. 그러나 기氣와 관련되어 설명하려는 시도가 있으나 구체적인 메커니즘의 제시에 한계가 있다.

A gihap is defined as "the concentration of spirit and energy to exert special power, or a sound made for concentration." As there have been efforts to explain this in connection with internal energy (gi/기/氣) there have been limitations in presenting concrete mechanisms.

택견의 기합은 '허리재기' 하는 동작의 순간에 이루어져 단전에서 비롯되어 '익' 하는 순간 갈무리된 기합이 내파 되면서 횡격막에 반사되어 일순간에 가슴통에서 공명되어 성대의 리드(reed)를 진동시키며 터져 나온다.

In taekkyeon, a gihap bursts out at the moment when a player is in the heori jaegi posture. With the "ik!" sound, energy concentrated in the danjeon expands and is reflected by the diaphragm, causing resonance in the chest and vibrating the vocal cords.

택견의 기합은 끊임없이 자율신경을 각성시키는 것이다. 기합도 숙련에 의하여 빠르게 반응하고 효율성이 높아진다. 심신일여心身一如는 몸을 닦으면 마음도 닦을 수 있고, 심즉기행心則氣行 마음이 가는 곳에 기氣도 간다는 의미이다. 이것은 동양적이고 통상적인 사고 논리에 비해 특히 자율신경이 심신의 상태와 매우 긴밀한 관계에 있다는 사실에 주목한다면 좀 더 구체적인 논리가 된다.

The gihap in taekkyeon keeps the autonomic nerve system continually active. Shouts can become even faster and more efficient with practice. The phrases "Simsin Iryeo" (心身一如) and "Simjeuk Gihaeng" (心則氣行) respectively mean "training the body leads to mental culture," and "gi (energy) goes where the mind goes. "Compared to general Asian thought, if we pay attention to the fact that the autonomous nerve system is closely associated to the state of the body and mind, the above shown a more concrete understanding.

아울러 모든 동작의 근원이 '허리재기'라는 동작을 통해 단전을 기점으로 갈무리된 기운이 내파 되면서 이루어지는 기합의 발성은 닦을수록 상대방에게 위협적이다.

Also, as the foundation of all the movements, heori jaegi triggers rapid expansion of the energy concentrated in the Danjeon. The more one practices this kind of gihap, the more threatening the gihap sounds to an opponent.

즉, 태껸의 기합은 자연스럽고 독특한 소리인 '이크'로 복식호흡을 하는데 도움을 준다. 어느 나라에서도 찾아볼 수 없는 의미를 가지고 있는 기합 법이다.

In sum, "iku," the natural taekkyeon gihap assists abdominal breathing. It is a unique way of shouting that cannot be found anywhere else.

▶ 태껸에 내재 된 기합의 의미를 정리하면 다음과 같다.
The following is a list of the purposes of taekkyeon's gihap.

- 첫째, 자신의 기세를 상승시키고 상대의 기를 제압한다. 이때는 강하고 짧게 큰 소리를 지른다.

- 둘째, 장단을 맞추며 노래하듯이 흥겹게 상대방과의 호흡을 맞추고 기운의 상승을 돕는데 춤출 때의 배경음악이나 추임새와 같은 기능을 가진다.

- 셋째, 큰 소리로 상대방의 주의를 환기시키는 기합은 신호와 구령의 기능을 대신한다.

- 넷째, 기합 소리는 정신을 한곳에 집중시켜주고 중추신경을 자극하여 순간적으로 근력의 힘을 최대로 발휘할 수 있어 공격적인 동작을 할 때 기합을 통해 더 강한 동작을 불러 내어준다. 이러한 기합은 정신적, 심리적 자신감을 증가시켜서 긴장 완화로 근육 이완에 도움이 된다.

- 다섯째, 장단을 맞추며 춤출 때의 배경음악이나 추임새와 같은 기합의 기능은 품밟기나 두 사람이 공방을 주고받는 연습 시에 나타나는 것으로 역시 무예의 기능이 유희화, 경기화 되면서 생겨난 것이다. 이러한 배경에는 바로 공개된 마당성에도 그 배경이 있다. 공개성과 유희성으로 순화된 무예 경기이다 보니 흥과 신명이 포함된 몸짓이자 율동이 기합과 더불어 전해 내려오게 된 것이며 단순히 장단을 지닌 기합만으로도 극도로 순화된 무예 경기임을 반증하는 것이다. 그리고 끝없이 삼박자로 반복되는 택견의 기합에는 선조들의 안배가 내포되어 있다.

- 여섯째, 택견의 기합발성을 통한 성대의 진동이나 그 여파로 인한 공명이 목 주변의 자율신경인 교감신경과 부교감신경을 적극적이고 지속적으로 자극하여 각성시키고 있는 것이다. 이러한 형태의 기합은 기혈순환에 도움을 줄 뿐 아니라 숙련도가 높아짐에 따라 자율신경의 각성과

수반 되는 몸짓이 빠르게 반응하고 효율성이 높아진다. 그리고 횡격막을 최대로 활용해서 이루어지는 택견의 역동적인 호흡은 호흡력을 키우고 심폐기능을 강화시킨다.

- 일곱째, 택견의 기합은 자연스러운 기합발성을 통해 성대구조를 강화시키는 기능이 있다. 이러한 기능들은 특히 성악에서의 호흡과 발성 연습에 매우 효과적임에도 불구하고 그리 알려져 있지 않다.

- 여덟째, 골반을 많이 쓰는 택견의 품밟기는 천추의 부교감신경을 적극적으로 자극함으로써 여타 운동에 비해 현저히 자율신경의 각성에 효과가 있을 것으로 기대된다.

- First, the shout of concentration helps enhance a player's spirit while subduing that of his competitor. In this case, the shout tends to be strong, short, and loud.

- Second, the shout helps competitors stay in step similar to singing and increases spirit, which is similar to the function of audience exclamations (chuimsae) during traditional performances.

- Third, a loud focused shout that gets the competitor's attention functions as a verbal order or sign.

- Fourth, the sound of the shout helps to concentrate the spirit and stimulates the nervous system, maximizing sudden strength of the muscles which that in turn leads to further attacks. It also improves mental and psychological satisfaction and helps to relax tight muscles.

- Fifth, chuimsae generally occurs when exercising pumbalpgi or competing, and it has been used from the beginning during games and amusements. Taekkyon has the features of openness and entertainment which naturally includes rhythm, enjoyment andexcitement, so that taekkyon's martial shouts are simple. Further, the continuous triple time rhythm of taekkyon comes from traditional Korean culture.

- Sixth, the vibration of the vocal cords through the kihap and its resulting resonance continuously stimulates the sympathetic and parasympathetic nerves, and this promotes the circulation of blood and body energy. Skilled taekkyon players demonstrate rapid reflexes due to stimulation of their autonomic nerves and high efficiency. Dynamic breathing using the diaphragm increases breathing ability and strengthens heart and lung functioning.

- Seventh, the kihap develops vocal cord structure, which is especially effective for singing skill but is not widely practiced for this purpose.

- Eighth, pumbalpgi, which strongly exercises the pelvis, stimulates the parasympathetic nerve of the spine. It is thought that this helps remarkably in stimulating the autonomic nerve when compared with other sports.

4. 태껸의 수련방법
Taekkyeon of Training Method

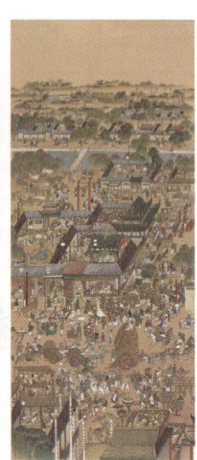

신윤복의 대쾌도(1785년) 　혜산 유숙의 대쾌도(1846년) 　작자미상 태평성시도(18세기) 　이선구의 태평성시도(2008년)

택견　　　　　　　　　　　　　택견

씨름　　　　　　　　　　　　　씨름

신윤복의 그림을 모사한 유숙의 『대쾌도』는 한양의 풍속화로 61년의 세월에도 같은 모습을 엿볼 수 있다.

18세기 한양의 풍속화 『태평성시도』는 중국 청나라의 『청명상하도』의 영향으로 등장인물의 옷이 중국풍이지만 씨름과 택견 등 조선의 풍속이 녹아있다.

1) 몸풀기 / Warm-up (Mompulgi)

 본 운동 전에 몸을 원활하게 사용하도록 하는 기본 연습 방법으로 실제 겨루기와 연관성을 가지고 있다. 치기는 긴장되어 있는 근육을 이완시켜주는 방법으로 효과적이며 체온 상승효과가 있어 기혈이 원활하게 된다. 이는 손과 발의 모양이 실제 타격의 기술과 동일하다. 재기는 몸을 재게(빠르게) 움직이는 동작으로, 실제 기법에서 위력을 증가시키고 민첩성을 길러주는 운동이다. 기본적인 치기는 안발목치기, 종아리치기, 엉덩이치기, 책상다리 등이 있고, 재기는 무릎재기와 허리재기 등이 있다. 그 외 깡충이패 등 다양한 몸풀기 동작이 있으나 간략하게 정리하면 다음과 같다.

Warm-up exercises increase flexibility before beginning practice. They also are connected to actual competition. Hitting exercises (chigi) help relax tight muscles and raise the temperature of the body so that energy and blood can circulate smoothly. These movements use the hands and feet is the same way as actual striking. Stretching exercises (jaegi) are for fast actions. They increase attacking power as well as agility. Basic hitting exercises include the inner ankle hit (anbalmok chigi), achilles tendon hit (jongari chigi), buttock hit (eongdeongi chigi), thigh hit (chaeksang dari), and others. Stretching exercises include the knee stretch (mureup jaegi), waist stretch (heori jaegi) and others. Besides these, there are various other warm-up exercises such as jumping (kkangchung-ipae). This section will introduce several basic warm-up exercises.

(1) 안발목 치기 / Inner Ankle Hit (Anbalmok Chigi)

좌우 안쪽 발목을 발장심으로 친다.

With the arch of the foot, hit the inside of the left and right ankles.

① ② ③

(2) 종아리 치기 / Achilles Tendon Hit (Jongari Chigi)

아킬레스건을 포함하여 종아리를 발등으로 친다.

With the area above the ankle, hit the Achilles tendon of the opposite leg.

① ② ③

(3) 엉덩 치기 / Buttock Hit (Eongdeoungi Chigi)

연속 2회 엉덩이를 발뒤꿈치로 친다.
With the heels, hit the buttocks twice in a row.
좌우 번갈아서 실시한다. / Repeat for each side.

①

②

③

(4) 책상다리(막음다리) / Thigh Hit (Chaeksang Dari (Mageum Dari))

뒤꿈치로 대퇴부위를 친다.
Hit the thigh with the back of the opposite leg.

발뒤꿈치로 무릎 바로 위를 치고, 앞으로 튕겨내듯이 원위치로 돌아온다. 치는 순간 무릎을 낮추고 일어서면서 친 발을 튕겨낸다.
Hit just above the knee, then return to the initial position. Bend the knee, then straighten it to repel the other leg as it hits.

① ② ③ ④

(5) 무릎재기 / Knee Stretch (Mureup Jaegi)

양손으로 무릎을 잡고 가슴에 붙이는 동작이다. 다리의 유연성과 무릎치기에 도움을 준다. 몸을 측면으로 살짝 옆으로 틀어서 무릎을 당긴다. 좌우 번갈아서 실시한다.

This exercise improves leg and knee flexibility. Pull the knee up to the chest with both hands and hold it close to the body with the hips at a 40 degree angle. Repeat once for both knees.

① ②

(6) 허리재기 / Waist Stretch (Heori Jaegi)

한발을 앞으로 내딛으며 허리를 뒤로 젖히는 동작이다. 모든 기술의 파워를 만들어 주는 원동력이다. 특히 발길질의 강한 타격을 만드는 필수적인 동작이다. 좌우 번갈아서 실시한다.

With one leg in front, press the waist forward so that you lean back. It is the driving force that gives power to all other techniques. This motion is essential for developing special power for kicks. Repeat once on both sides.

① ② ③

2) 기본기술 / Basic Techniques (Gibon Gisul)

　기본기술은 태껸의 가장 기본적인 기술이면서도 핵심이다. 각 개인이 혼자서 구분동작으로 익힐 수 있다.

　The following techniques represent the fundamental movements of taekkyeon and can be practiced alone.

(1) 품밟기의 기본연습
Basic Footwork Practice (Gibon Pumbalpgi Yeonseup)

　이것은 태껸의 가장 근본이 되는 연습법이다.

　This is the most basic exercise in taekkyeon.

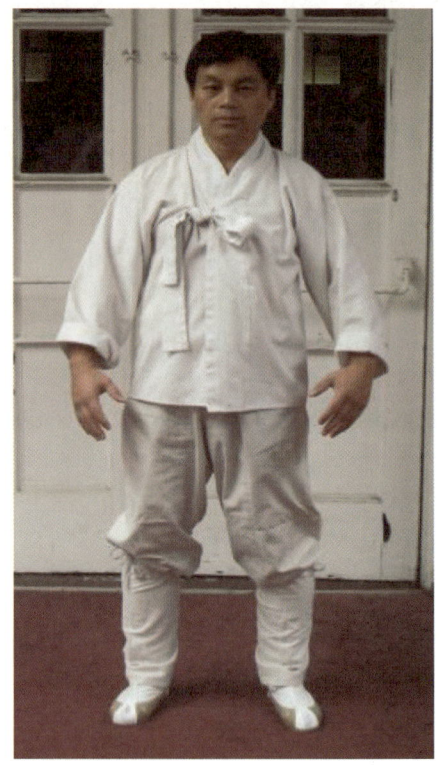

▶ 굼슬르기 / Weight Shifting (Gumseulleugi)

태껸의 가장 중요한 몸짓으로 마치 물결이 출렁거리는 모습과 비슷하다. 위력을 내기 위한 기술이다. 엉덩이와 몸의 자연스러운 움직임으로 파워를 더해준다.

This is the most important movement in taekkyeon. It has a swaying, wave-like appearance. Gumseulleugi is a technique to produce power from the natural movement of the body and hips.

① 양발을 어깨 넓이로 서서 엉덩이를 올렸다 내렸다 한다. 양발은 각도는 약 11°로 벌려서 무릎의 양방향과 같게 한다.

Stand with the feet at shoulder-width and move the hips up and down. Point your feet and knees in the same direction at 11degrees.

① 인승 / natural stance
자세를 낮춘다. / lower stance

② 좌우 굼슬르기는 좌우로 체중을 이동시키는 동작이다.

For left and right gumseulleugi, move the weight from side to side.

② 좌측 굼슬르기 / left gumseulleugi
우측 굼슬르기 / right gumseulleugi

③ 우품에서 앞뒤로 체중을 이동시키는 동작이다.

Move your weight back and forth from a right stance.

③ 앞쪽 굼슬르기　뒤쪽 굼슬르기
front gumseulleugi　Rear gumseulleugi

④ 좌품에서 앞뒤로 체중을 이동시키는 동작이다.

Move your weight back and forth from a left stance.

④ 앞쪽 굼슬르기　뒤쪽 굼슬르기
front gumseulleugi　rear gumseulleugi

(2) 품밟기 / Footwork (Pumbalpgi)

품밟기는 움직임이 부드럽고 율동적이고 무게 중심을 빠르게 이동할 수 있게 하며, 매우 좁은 보폭을 기본으로 하고 있다. 기본 품밟기는 품品자 모양을 기본으로 하며, 6/4의 비율로 중심이동이 이루어진다. 품밟기는 걸음걸이와 같은 형태이다. 품밟기는 허리와 신체의 아랫부분을 강화할 뿐만 아니라 공격과 방어를 원활하게 한다. 태껸에는 다양한 품밟기가 있지만, 본 장에서는 대표적인 기본 품밟기와 갈지자之 밟기를 소개한다.

Footwork in taekkyeon is smooth and rhythmic and enables rapid shifting of the center of gravity, typically with a narrow stride. Basic pumbalpgi is performed in a triangular pattern with the body's center of gravity at a 60/40 weight distribution. It has the effect of strengthening the waist and lower part of the body as well as harmonizing attack and defense. Taekkyeon has various kinds of pumbalpgi, but this book will only introduce the representative basic and angled (galjija) pumbalpgi.

태껸의 대표적인 품밟기로서 정삼각형(△)의 모양으로 밟는다. 태껸의 가장 기본적인 밟기로 제자리에서 실시되지만, 실제 상대와의 겨루기에서는 전진과 후퇴로 진행된다.

Taekkyeon's basic pumbalpgi is in the shape of an equilateral triangle (△). Taekkyeon's most fundamental footwork is practiced in one place, but when competing with real opponents it involves continually advancing and retreating.

① 다리를 한 족장 넓이로 벌리면서 어깨불림을 한다.
  (양팔을 새의 날개를 내리듯이 자연스럽게 내린다).
② 오른발을 왼발 쪽으로 중심 이동한다.
③ 오른발을 앞으로 내딛으며 무릎을 떨어트린다.
④ 체중을 뒤로 옮기면서 엉덩이를 떨어트려 자세를 낮춘다.
⑤ 왼발을 오른발 쪽으로 중심 이동한다.
⑥ 왼발을 앞으로 내딛으며 무릎을 떨어트린다.
⑦ 왼발을 오른발 쪽으로 중심 이동시킨다.
⑧ 다리를 한 족장 넓이로 벌려서 선다.
  이를 좌우로 번갈아서 실시한다.

① Stand with the legs at shoulder width (drop both arms like the wings of a bird naturally fall).
② Move the body's center of gravity from the right foot to the left, lifting your right foot at the same time.
③ Flex the knee and step forward with the right foot.
④ Shift your weight back, dropping your hips into a lower stance.
⑤ Move the body's center of gravity from the left foot to the right, lifting your left foot at the same time.
⑥ Flex the knee and step forward with the left foot.
⑦ Move the body's center of gravity from the left foot to the right, lifting your left foot at the same time.
⑧ Stand with the legs at about a foot's width apart.
  Repeat on both sides.

▶ 갈지자 밟기 / Angled Footwork (Galjija Balpgi)

태껸의 기본 품밟기와 함께 사용되는 대표적인 품밟기로서, 정사각형(□) 모양으로 갈지자 밟기 한다. 상대의 사면으로 움직이면서 공방을 하는 걸음걸이다.

Representative of taekkyeon's pumbalpgi along with basic pumbalpgi, galjija balpgi is performed inside a square shape.

① 양발을 한 족장 넓이로 벌리면서 어깨불림을 한다.
Stand with the feet apart at shoulder width.

② 오른발을 왼발의 뒤꿈치로 이동시킨다.
Move your right foot to the heel of your left foot.

③ 오른발을 앞 사면으로 내딛으며 무릎을 떨어뜨린다.
Step forward at an outward angle with the right foot, bending the right knee.

④ 체중을 뒤로 옮기면서 엉덩이를 떨어뜨려서 자세를 낮춘다.
Shift your weight back, dropping your hips into a lower stance.

⑤ 반대발로 중심이동이 되고 왼발을 같은 요령으로 내딛는다.
  이를 좌우로 번갈아서 실시한다.

⑤ Move your center of gravity in the opposite direction and step in a similar way with the left foot. Repeat on both sides.

3) 자세(겨누기) / Stances (Jase)

자세에는 태껸 공방攻防의 기본원리가 내재되어 있다. 자세는 심신과 손발의 조화로운 움직임으로 상대를 겨누고 어르는 공방을 위한 준비과정이다. 항상 가상의 상대와 겨눈다는 의식을 가진다. 태껸의 기본자세는 4가지 등으로 구분된다.

Stances contain the fundamental principles of attack and defense in taekkyeon. By harmonious movement of the mind and body and the hands and feet, stances are the method for preparing movements which target or distract an opponent. When practicing stances, always imagine you are fighting a virtual opponent. There are four basic stances in taekkyeon.

GM. Ko Yong-woo demonstrating stances

(1) 본세 (本勢) / Main Stance (Bonse)

가장 근본이 되는 뿌리로, 모든 기술은 본세로부터 시작된다.
The most fundamental root, all techniques begin with this stance.

① 양발을 한 족장 넓이로 선다.
② 양팔을 머리 위로 들어 올린다.
③ 양팔을 천천히(슬그머니) 정면으로 내리면서 본세를 취한다.
   좌우 교대하면서 실시한다.

① Stand with the feet about a foot apart.
② Lift both arms up over your head.
③ Lower both arms slowly toward the front into the main stance. Repeat on both sides.

①

②

③

　　고구려 벽화 씨름과 수박　　　　　조선시대 씨름과 태껸
본세 모양을 하고 서로 마주 보는 모습이 매우 닮아있다.

　　　본세의 흐름　　　　　　송덕기 택견명인(박종관, 1995)

(2) 고대세 (苦待勢) / Ready Stance (Godaese)

고대세(겨누기)는 상대를 기다리며 주시한다는 뜻이다. 상대의 공격을 검 劍으로 막아 내리듯이 방어하고 즉각적으로 찔러 들어가는 기술이다. 정면공격에 효과적인 자세이다

In the ready stance, you wait for the opponent while watching carefully. It is a method for countering an opponent's attack similar to blocking downward with a sword, then immediately stabbing inward. It is an effective stance for frontal attacks.

① 본세에서 양팔을 새 날개 펴듯이 좌우로 들어 올린다.
② 복부 앞에서 양손을 모아 앞으로 전진자세를 취한다.
③ 앞으로 전진하면서 손을 앞으로 뻗어 찌르듯이
   자세를 취한다.
   마치 피리를 불듯이 일직선상에 양손을 둔다.

① From the main stance, spread both arms
   like the wings of a bird and raise them
   on both sides.
② Bringing both hands together in front of
   the abdomen, assume an advancing stance.
③ Assume the ready stance by advancing, stretching
   the hands forward in a piercing motion.
   Hold both hands in a straight line like playing a flute.

① ② ③

고대세의 흐름

태껸춤

고용우 관장의 고대세 (미국 로스앤젤레스 위대태껸 수련원)

(3) 팔짱끼기 / Folded Arms Posture (Paljjangkkigi)

 팔짱끼기는 두 팔을 마주 걸어 한 손을 겨드랑이 밑에 넣고 다른 손을 팔뚝 위로 올리는 짓이다. 몸통을 좌우로 공방攻防하기에 적합한 자세이다.
 With this posture, the arms are folded with one hand beneath the armpit and the other hand on the opposite upper arm.

① 본세에서 양팔을 머리 위로 들어 올린다.
② 양팔을 팔짱끼기 자세를 잡는다.
③ 앞으로 전진하면서 팔을 앞으로 천천히 들어 올려 자세를 잡는다.
① From the main stance, raise both arms above your head.
② Assume the folded arms posture with both arms.
③ While moving forward, slowly raise the arms to the front and hold this position.

①

②

③

팔짱끼기 겨누기(주부생활, 1985)

(4) 사면세 (斜面勢) / Side Stance (Samyeonse)

비스듬히 자세를 취하는 것이다. 측면자세로 공방攻防 하기에 적합한 자세이다.

Take an oblique posture. The side stance is suitable for both attack and defense.

① 본세에서 양팔을 머리 위로 들어 올린다.
② 몸을 측면으로 틀어서 사면세를 취한다.

① From the main stance, raise both arms above your head.
② Turn your body obliquely to take the side stance.

사면세의 흐름

「百子圖」 씨름, 팔씨름, 택견하는 아이들(국립민속박물관 소장)

20세기 초 백자도 8폭 병풍에 씨름, 팔씨름, 택견으로 무예를 연마하는 아이들 풍경, 건물 현판 '연무전宴舞殿'이 아니라 '연무演武' 혹은 '연무鍊武' 써야 맞다. 한문에 어두운 화공이 음은 같지만 틀린 한자를 쓴 '옥에 티'다.
택견하는 아이들은 양팔을 들고 서로 겨누고 있다(부산일보, 2009. 11. 24.).

4) 활개짓 / Arm Swinging (Hwalgaejit)

활개짓은 새가 날개짓을 하듯이 자연스러운 어깨불림 하는 동작이다. 상대를 얼르고, 공격을 되받기로 연결한다. 또한 품밟기와 활개짓의 조화로운 흐름으로 실시한다. 부드러운 활개짓 동작은 몸에서 나오는 힘을 팔로 전하여 더욱더 큰 힘을 빠르게 사용할 수 있게 해준다.

For hwalgaejit, the shoulders are expanded naturally like the movement of a bird's wings. You can distract an opponent, then move to counterattack. It is effective when footwork and arm swinging flow harmoniously together. Soft hwalgaejit movements transfer power from the body to the arms in order to enhance power for quick action.

송덕기 선생이 제자 고용우에게 활개짓을 지도하는 모습
Song Duk-ki teaching hwalgaejit to Ko Yong-woo.

(1) Low Arm Swing (Araeteundeulgi) / 아랫흔들기

양팔을 허리 아래로 내려서 흔드는 동작이다. 주로 상대의 공격을 아래에서 위로 걷어 올리거나 발차기를 잡아채는 방어기술로 사용된다.

This is a waving motion with both arms held below the waist. It is mainly used defensively to block with a rising motion or to catch an opponent's kick.

① 양팔을 옆으로 내리고 인승 자세를 잡는다.
Hold both arms at your side and stand with the feet at shoulder width.

② 오른쪽 발을 내딛으며 양팔을 앞으로 내민다.
Extend both arms while stepping forward with your right foot.

③ 몸의 중심을 뒷발로 이동하면서 양팔을 함께 뒤로 흔든다.
Shifting your weight to your back foot, swing both arms back together.

④ 반대발로 중심을 이동시키면서 양팔도 함께 이동한다.
Shift your weight to the opposite foot while swinging both arms back.

⑤
⑥

⑤ 왼쪽 발을 앞으로 내딛으면서 양팔을 앞으로 내민다.
⑥ 뒤로 중심을 이동시켜서 원위치로 돌아온다. 좌우 반복하여 실시한다.

⑤ Extend both arms while stepping forward with your left foot.
⑥ Return to the original position by moving your weight to the center.
   Repeat on both sides.

(2) 바깥 활갯짓 / Outward Arm Swing (Bakkat Hwalgaejit)

양팔을 안에서 밖으로 팔을 흔드는 동작이다. 상대의 공격을 잡아채면서 맴돌리기 등으로 연결할 수 있다.

Move both arms from inside to out. You can connect this movement with turning techniques (memdolligi) while holding an opponent's attacking limb.

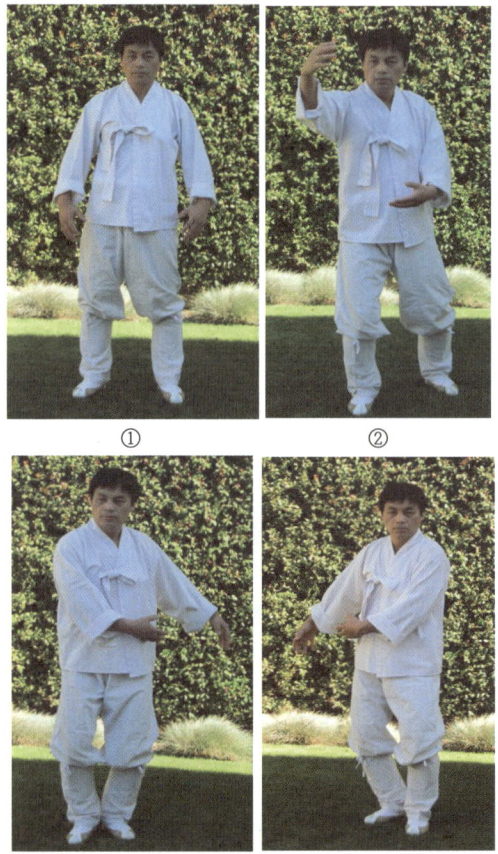

① 양팔을 옆으로 내리고 어깨 넓이로 선다.
Stand with your feet at shoulder width with both arms at your sides.

② 오른쪽 발을 내딛으며 양팔을 왼쪽 옆구리에서 오른쪽 어깨 쪽으로 흔든다.
While stepping forward with your right foot, swing your arms from the left flank to the right shoulder.

③ 몸의 중심을 뒷발로 이동하면서 양팔을 함께 뒤쪽 아래로 흔든다.
Shift your weight to your back foot and swing your arms low and to the rear.

④ 반대발로 중심을 이동시키면서 양팔도 함께 뒤로 흔든다.
Shift your weight to the opposite foot while swinging both arms back.

⑤　　　　　　　　　　　　　　⑥

⑤ 왼쪽 발을 앞으로 내딛으면서 양팔을 오른쪽 옆구리에서 왼쪽 어깨 쪽으로 흔든다.
⑥ 뒤로 중심을 이동시켜서 원위치로 돌아온다. 좌우 반복하여 실시한다.

⑤ Step forward with the left foot and swing your arms from the right flank to the left shoulder
⑥ Return to the initial position and repeat on both sides.

(3) 안활개짓 / Inside Arm Swing (Anhwalgaejit)

양팔을 안쪽으로 긁는 동작이다. 상대의 정면 공격을 안쪽 방어와 맴돌리기로 연결할 수 있다.

Scrape both arms inward. This movement is used as an inward defense against frontal attacks and can be connected with turning techniques (memdolligi).

① 양팔을 옆으로 내리고 인승자세를 잡는다.
Stand with your feet at shoulder width with both arms at your sides.

② 오른쪽 발을 앞으로 이동하며 아랫흔들기 한다.
Step forward with the right foot and do the low arm swing.

③ 뒷발로 몸을 중심 이동하면서 오른손을 긁어내린다.
Scrape the right arm down and back while shifting your weight to the back foot.

④ 반대발로 중심 이동시키면서 왼손을 긁어내린다. 좌우 반복하여 실시한다.
Scrape the left arm down and back while shifting the weight to the opposite foot. Repeat on both sides.

⑤

⑥

블랙벨트지 송덕기의 기사 관련

1963년 초봄에 김병수는 미국 블랙벨트지의 초대기자로, 송덕기선생을 세계 무도지에 소개하고자 태껸과 태권도 역사 소개하는 연재 기사를 게재하였다. 이 사진은 미국 'Black Belt Magazine', 'Karate Illustrated', 'Martial Arts Illustrated' 등 여러 잡지에 세계 최초로 소개하였다.

사진: 송덕기 선생과 김병수 사범
(경복궁 경회루)

(4) 걷어내기 / Scraping Block (Geodeonaegi)

상대의 공격을 걷어 내거나 얼르기로 사용한다. 걷어내기가 숙달되면 맴돌리기, 태질, 발길질 등과 상호조화를 이루어 실시되어야 한다.

This technique is used to deflect an attack downward or to distract an opponent. When mastered, it can be used with turning techniques, hand strikes, kicks, and other techniques.

▶ 본세 걷어내기 1 / 1 Main Stance Scraping Block(Bonse Geodeonaegi)

걷어내기는 밟기와 굼슬르기의 상호조화로 실시한다.

Synchronize the scraping block movement with your steps as you shift your weight from one foot to the other (gumseulleugi).

① ② ③

① 본세를 취한다.
② 상대의 상단 공격을 위에서 아래로 걷어 내려서 양팔을 안으로 모은다.
③ 좌우 공격을 막으면서 본세로 돌아간다.
   좌우 교대하면서 실시한다.
① Stand in the main stance.
② Block a high attack by scraping your arms down and inward.
③ Alternate blocking to the left and right, returning to the main stance each time. Repeat on both sides.

▶ 고대세 걷어내기 2 / 2 Ready Stance Scraping Block(Godaese Geodeonaegi)

상대가 주먹지르기나 곧은 발질로 공격하면 걷어내는 방법
Defend against a punch or straight kick.

① 본세를 취한다.
Stand in the main stance.

② 상대가 얼굴을 주먹으로 공격하면 위로 올려 방어한다.
Block a punch to your face by raising your arms.

③ 상대의 팔을 눌러서 내린다.
Scrape down the opponent's arm.

④ 잦은걸음으로 일보 전진하면서 상대의 목을 겨눈다.
Taking a small step forward, strike the opponent's neck with your fingertips.

ⓢ ⓺ ⓻

⑤ 곧은 발질로 공격하면 뒤로 빠지면서 상대의 다리를 걷어낸다.
⑥ 상대의 얼굴 공격을 우측 팔로 좌측으로 걷어낸다.
⑦ 본세로 돌아간다. 좌우 교대하면서 실시한다.

⑤ If the opponent attacks with a straight kick, move backwards and parry the leg.
⑥ Against an attack to your face, parry to the left with your right arm.
⑦ Return to the main stance. Repeat on both sides.

▶ 팔짱끼기 걷어내기 3 / 3 Folded Arms Scraping Block
(Paljjangkkigi Geodeonaegi)

얼굴을 주먹으로 공격하면 걷어내는 방법
Defend against punches to the face.

① 본세를 취한다.
Stand in the main stance.

② 상대가 얼굴을 주먹공격 하면 뒤로 물러나면서 우측 팔로 걷어내기 한다.
To counter a punch to your face, move backward and parry with your right arm.

③ 반대쪽으로 공격하면 일 보 전진하면서 방어한다.
When the opponent attacks with the opposite arm, step forward and block it.

④ 반대쪽 정권 공격하면 걷어 내기 한다.
Parry the attacking fist from the opposite direction.

⑤ ⑥ 본세의 걷어내기와 동일하게 방어한다.
⑦ 본세로 돌아간다. 좌우 교대하면서 실시한다.

⑤ ⑥ Identical to the main stance scraping block
⑦ Return to the main stance. Repeat on both sides

▶ 사면세 걷어내기 4 / 4 Side Stance Scraping Block
(Samyeonse Geodeonaegi)

상대의 하단과 상단 공격을 연속으로 걷어내는 방법
Consecutively parry upper and lower attacks.

① 본세를 취한다.
Stand in the main stance.

② 옆구리 공격을 측면으로 걷어내기 한다.
Parry sideways against an attack toward the flank.

③ 얼굴 공격을 위에서 아래로 걷어내기 한다.
Parry downward against an attack toward the face.

④ 곧은 발질 공격을 살짝 물러나면서 정강이를 훑어 내린다.
Against a straight kick, take a small step back and parry the leg to the side.

⑤ 본세로 돌아간다.
좌우 교대하면서 실시한다.

Return to the main stance.
Repeat on both sides.

⑤   ⑥

송덕기 기능보유자의 등좌대(박종관, 1995)

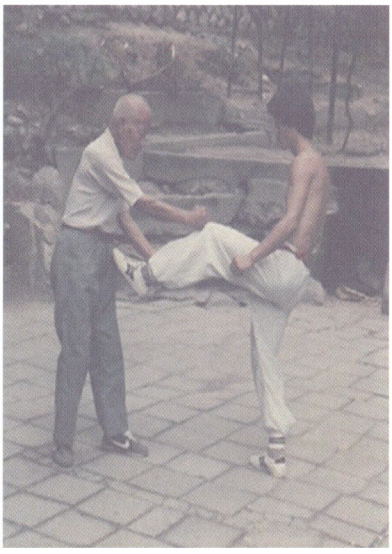

등좌대로 공격하는 송덕기左와 고용우右

▶ 곧은 발질 바깥 걷어내기 5 / 5 Straight Kick Outside Scraping Block (Godeun Baljil Bakkat Geodeonaegi)

상대가 곧은 발질로 공격하면 방어하는 방법.
Defend against straight kicks attacks.

① 본세를 취한다.
② 곧은 발질로 공격하면 뒤로 물러나면서 밖으로 걷어내기 한다.
③ 본세로 돌아간다. 좌우 교대하면서 실시한다.

① Stand in the main stance.
② Against a straight kick, step back and parry outward and upward.
③ Return to the main stance. Repeat on both sides.

▶ 곧은 발질 안 걷어내기 6 / 6 Straight Kick Inner Scraping Block
(Godeun Baljil An Geodeonaegi)

상대가 곧은 발질로 공격하면 방어하는 방법.
Defend against straight kick attacks.

① 본세를 취한다.
② 상대가 곧은 발질로 공격하면 다리를 안으로 걷어내기 올린다.
③ 본세로 돌아간다. 좌우 교대하면서 실시한다.

① Stand in the main stance.
② Against a straight kick, catch the leg from the inside in the bend of the arm.
③ Return to the main stance. Repeat on both sides.

1959년 송덕기 선생(右)과 박철희 사범(左) 경복궁 경회루

1962년 송덕기 선생과 김수 사범(막음다리)　　송덕기 선생과 김수 사범(도끼질)

5) 손질 / Hand Techniques (Sonjil)

태껸의 손질은 주로 손바닥掌이나 주먹拳을 사용하여 신체의 모든 부위를 공격한다. 그 외에 팔뚝, 팔꿈치, 손날, 손등, 손끝 등을 사용한다. 굼슬르기와 몸의 중심이동으로 강한 타력이 손으로 전달되어야 한다. 손질에는 코침치기, 이마재기, 낙함, 가지치기, 안경잽이, 도끼질, 벽치기(외벽, 쌍벽), 멱치기, 재갈넣기, 턱걸이, 항정치기 등이 있다. 다른 기술과 연결시켜서 사용할 수 있다.
본 장에서는 대표적인 장심지르기, 면치기, 이마재기, 턱걸이, 칼잽이를 소개한다.

The hand techniques of taekkyeon target all parts the body with either the palm (掌) or fist (拳). In addition, the forearm, elbow, hand edge, back of the hand, and fingertips can be used. By weight shifting (gumseulleugi), springing power can be transferred to the hands. Techniques include open hand attacks to the nose (kochim chigi), forehead (ima jaegi), jaw (nakham), trapezius (gaji chigi), eyes (an gyeong jaebi), neck (dokkijil), throat (myeok chigi), armpits (jaegal neotki), chin (teok geori), back of the neck (hangjeong chigi), and others. Hand techniques can be used with different kinds of attacks. This section introduces five representative hand techniques: the palm thrust (jangsim jireugi), cheekbone strike (myeon chigi), forehead thrust (ima jaegi), chin thrust (teok geori), and yoke-hand strike (kal jaebi).

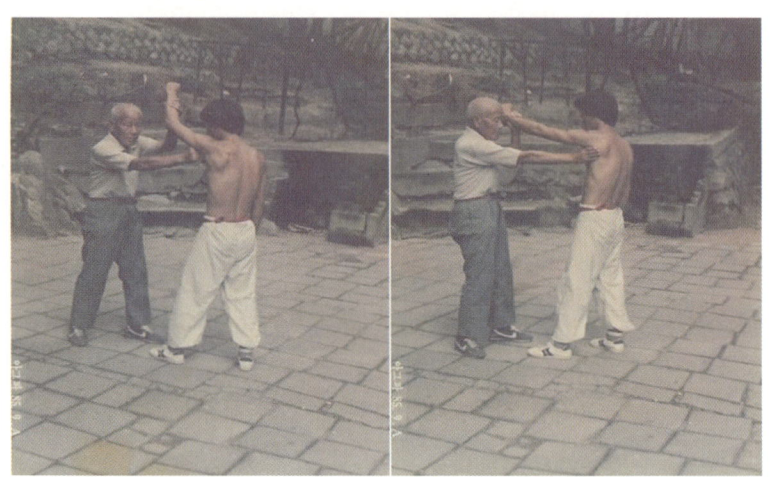

재갈넣기 / Jaegal Neotgi   공중걸이 / Gongjung Geori

(1) 장심지르기 / Palm Thrust (Jangsim Jireugi)

상대의 가슴이나 코 등을 떠밀어서 치는 공격기술이다. 공격하는 손은 손가락을 붙이지 않고 여유 있게 벌리고 스냅으로 공격한다. 장掌의 단련으로 타력을 높이면 주먹보다 더 강한 위력을 낼 수 있다.

앙가슴 지르기/Palm thrust to the middle of the chest

Push the opponent's chest or nose with the palm. The fingers should be separated and held in a semi-relaxed position, and the hand should strike with a snapping motion. Elasticity can be increased by training the use of the palm. Using the palm can be stronger than using the fist.

① ② ③

① 본세자세를 취한다.
Stand in the main stance.

② 왼발을 앞으로 내딛으며 왼손으로 가슴을 가볍게 친다.
Stepping forward with your left foot, lightly hit the opponent's chest with your left hand.

③ 오른쪽 발이 왼발을 따라 오면서 오른손으로 상대의 앙가슴을 친다.

③ Follow the left foot with the right as you strike the middle of the opponent's chest with your right hand. Repeat on both sides.

● 요령: 이때 왼손을 옆구리로 빨리 회수하는 허리의 회전력으로 오른손을 공격한다. 좌우 반복하여 실시한다.

● Tip : Pull the left hand to the side as soon as possible, using this rotational power to strike with the right hand.

(2) 면치기 / Face Strike (Myeon Chigi)

손장심으로 상대 얼굴의 측면(광대뼈 밑)을 아래에서 사선으로 치는 기술이다. 상대의 얼굴에 강한 충격을 준다.

With the palm, hit upward diagonally to the side of the face under the cheek bone. This is a powerful and effective strike.

상대의 얼굴 측면을 공격하는 기술
Strike to the side of the opponent's face

① ② ③

① 본세자세를 취한다.
② 왼발을 내딛으며 왼손으로 얼굴의 측면을 친다.
③ 오른발이 왼발을 따라오면서 오른손으로 반대쪽 얼굴 측면을 친다.
　　좌우 반복하여 실시한다.

① Stand in the main stance.
② Stepping forward with the left foot, strike the side of the opponent's face with your left hand.
③ Follow the left foot with the right as you strike the other side of the face with your right hand. Repeat on both sides.

(3) 허벅치기 / Thigh Strike (Heobeok Chigi)

상대의 측면으로 들어가면 허벅지를 손바닥 또는 주먹으로 공격하는 기술이다. 또한 상단 공격을 피하면서 치거나 팔을 잡아채면서 허벅지를 친다.

Move to the side of the opponent and strike the thighs with the palm or fist. This technique can also be performed while avoiding a high attack or holding the opponent's arm.

①본세자세를 취한다.
Stand in the main stance.

② 왼발이 사면으로 들어가면서 오른손으로 대퇴부위를 공격한다.
③ 오른발이 들어가면서 왼손으로 상대의 반대쪽 대퇴부위를 공격한다.
② With the left foot, step forward to the side of the opponent and strike the femoral region of the thigh with the right hand.
③ Step forward with the right foot and attack the opponent's opposite thigh with the left hand.

상대의 팔을 잡아채면서 주먹으로 대퇴부위를 공격하는 기술
Grab the opponent's arm and punch the femoral area of the thigh.

(4) 이마재기 / Forehead Thrust (Ima Jaegi)

상대의 측면으로 돌아서 공격하는 기술이다. 장심으로 이마를 밀어 머리를 뒤로 젖힌다. 이는 경추에 치명상을 줄 수 있다.

Move to the side of the opponent and attack the forehead with the palm. Push the forehead back so that the head tilts backwards. This technique can cause serious damage to the neck vertebrae.

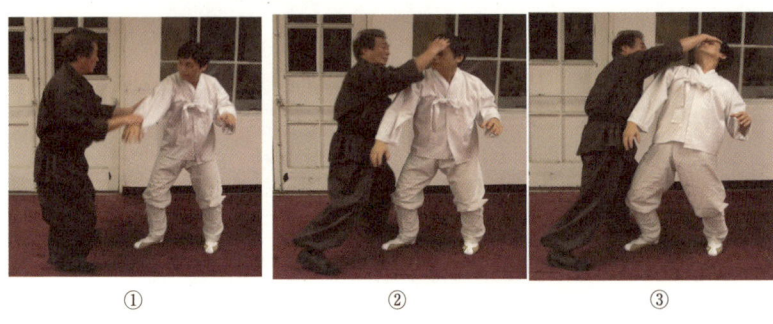

① ② ③

① 상대의 주먹 공격을 잡아챈다.
② 왼발이 측면으로 들어가면서 이마재기 한다.
③ 오른발이 따라오면서 이마를 순간적으로 뒤로 젖힌다.

이마재기 / Forehead Thrust (Ima Jaegi)

① Catch the opponent's arm in mid-punch.
② Stepping forward with the left foot, move to the side of the opponent and thrust to the forehead.
③ Follow the left foot with the right as you thrust the forehead back with a snapping motion.

(5) 턱걸이 / Chin Thrust (Teok Geori)

상대의 턱을 아래에서 위로 손바닥으로 쳐올리는 기술이다. 턱이나 목을 골절 시킬 수 있는 위력적인 기술이다.

With your palm, strike the opponent's chin in an upward motion. This is a dangerous technique since it can dislocate or fracture the jaw or neck.

턱걸이 / Chin Thrust (Teok Geori)

① 본세자세를 취한다.
② 왼발을 앞으로 내딛으며 왼손으로 가볍게 턱을 민다.
③ 오른발이 왼발을 따라오면서 오른손으로 상대의 턱을 세게 민다.

① Stand in the main stance.
② Stepping forward with the left foot, lightly push the opponent's chin with the left hand.
③ Follow the left foot with the right as you as you forcefully push the opponent's chin with the right hand.

(6) 안경잽이 / Eye Scratch (Angyeong Jaebi)

상대의 눈을 검지와 중지를 세워서 위에서 아래로 훑어 내리는 공격이다. 때로는 눈을 찌르는 기법으로 상대에게 치명상을 줄 수 있다.

Attack the opponent's eyes by scraping down with the forefinger and ring finger. It is possible to seriously hurt an opponent by poking the eyes.

①   ②   ③눈 수정

① 본세자세를 취한다.
② 왼발을 앞으로 내딛으며 왼손으로 가볍게 눈덩이를 긁는다.
③ 오른발이 왼발을 따라오면서 오른손으로 상대의 눈을 긁어내린다.

① Stand in the main stance.
② Stepping forward with the left foot, lightly brush the opponent's eyelids with your left hand.
③ Follow the left foot with the right as you scrape across the opponent's eyes with your right hand.

(7) 칼잽이 / Yoke-Hand Strike (Kal Jaebi)

상대의 목이나 겨드랑이 등을 손아귀로 밀거나 쳐서 공격하는 기술이다. 몸의 중심 이동으로 짧게 또는 길게 밀어 친다.

Attack the opponent's neck or armpit by pushing or striking. By shifting your center of gravity, strike or push the opponent over a short or long distance.

① 본세자세를 취한다.
② 왼발이 정면으로 들어가면서 목을 가볍게 칼잽이 한다.
③ 오른발이 왼발을 따라가면서 오른손으로 목을 칼잽이 한다.

① Stand in the main stance.
② Stepping forward with the left foot, lightly strike the opponent's neck with the left hand. Use the area of the hand between the thumb and forefinger.
③ Follow the left foot with the right as you strike the opponent's neck again with your right hand.

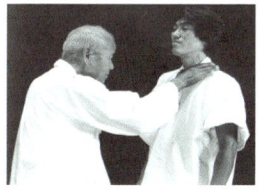

곧은 발질 안 걷어내기 후 칼잽이 하는 기술
Yoke-hand strike to the throat following a straight kick block

겨드랑이를 공중걸이 하는 기술
Strike to the armpit

칼잽이 / Kal Jaebi

송덕기 선생과 임창수 사범

송덕기 선생과 신한승 선생
(출처: 문화재청)

1971년 송덕기 선생과 임창수 사범

1985년 송덕기 선생과 제자 고용우

1971년 송덕기 선생과 임창수 사범

1985년 송덕기 선생과 제자 고용우

출처: 1958년 사진 박철희, 1963년 김수, 1971 태권도지, 1985년 김정윤(2002)

앙가슴치기

떼장치기(손끝)

(8) 허리춤 잡고 줄띠잽이 / Waist Hold and Larynx Press (Heorichum Japgo Jultti Jaebi)

상대의 허리춤을 잡아당기면서 엄지로 복부를 찌르고 칼잽이로 목을 치거나 줄띠잽이 한다.

Pull the front of the opponent's pants while poking the belly with the thumb and doing a yoke-hand strike to the throat or a larynx press.

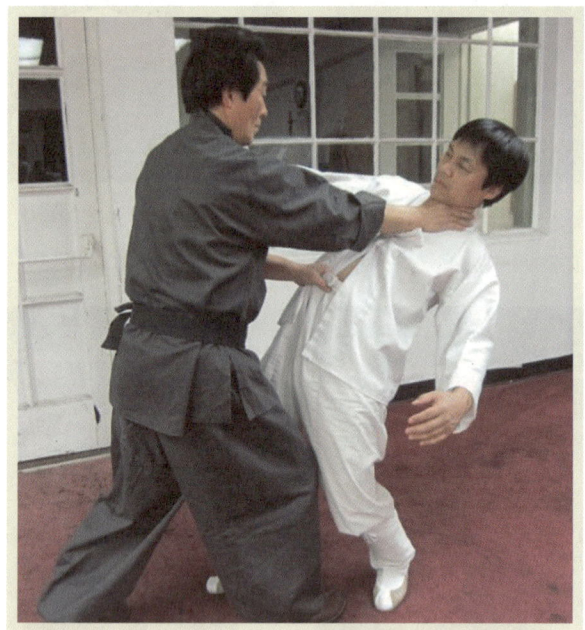

허리춤과 줄띠잽이로 공격하는 기술
Waist hold and larynx press

(9) 낙함 / Jaw Strike (Nakham)

상대의 턱을 손바닥으로 쳐서 턱을 빼는 기술이다.

Strike the edge of the jaw with the palm. This technique can dislocate the jaw.

낙함(落頷): 상대의 아래턱을 훑어 내리는 기술
Nakham (落頷): Scraping down the opponent's jaw

작자미상 「태평성시도」 (출처: 국립중앙박물관)

6) 발길질 / Kicks and Sweeps (Balgiljil)

　태껸을 백기신통비각술百技神通飛脚術이라고 일컬어 말한다. 또한 각술脚術, 각희脚戲, 비각술飛脚術이라고 할 정도로 다양한 발차기가 있다. 발질에는 아랫발질과 윗발질로 구분할 수 있으며, 자세를 낮추거나 높게 뛰어서 공격하는 기술 등이 있다. 발길질은 허리재기에서 나오는 강한 타력으로 상대를 공격해야 한다. 발길질의 사용 부위는 발등, 발바닥, 발날, 발뒤꿈치, 발의 안측면, 발가락, 발부리 등 다양한 부위를 사용한다. 발길질에는 안짱다리, 밖장다리, 안우걸이, 장대걸이, 정강차기, 무릎치기, 곧은발질, 도끼발, 곁치기, 발따귀, 사장치기, 사대치기, 느지르기, 맴돌기, 두발낭상, 돌땅치기, 달치기 등 다양한 기술이 있다. 본 장에서는 안짱다리, 밖장다리, 장대걸이, 곧은 발질, 곁치기, 도끼발을 소개한다.

　Takkyeon is also called "100 godlike flying leg skillls" (baek gisintong bigaksul/백기신통비각술百技神通飛脚術). Other names are "leg art" (gaksul/각술/脚術), "leg game" (gakhui/각희/脚戲), and "flying leg art"(bigaksul/비각술/飛脚術). All of these names include the word for "legs" (gak/각/脚) because of the diversity of taekkyon's leg and foot techniques. These are divided into lower and upper techniques, ranging from foot sweeps to jumping kicks. Leg and foot techniques get power from the movement of the waist. They use the top, bottom, and sides of the feet as well as the heel and toes, including the tips of the toes for piercing actions. Leg techniques include the inside ankle sweep (anjjang dari), outside ankle sweep (bakjang dari), cross kick (anu geori), twist kick (jangdae geori), shin kick (jeonggang chigi), knee strike (mureup chigi), straight kick (godeun baljil), side kick (dokki bal), round kick (gyeot chigi), crescent kick (balttagwi), descending kick (sajang chigi), cut kick (sadae chigi), push kick (neunjireugi), spinning kick (maemdolgi), jump kick (dubal nangsang), turning kick (dolttang chigi), flying knee strike (dal chigi), and others. In this book, the inside ankle sweep, outside ankle sweep, twist kick, straight kick, side kick, and round kick will be introduced.

송덕기 선생님의 곧은 발질
Mr. Song Deok-ki's straight kick (godeun baljil)

조선시대 씨름과 택견의 모습 작자미상 「百童子圖」 (출처: Wikiwand)

(1) 안짱다리 / Inside Ankle Sweep (Anjjang Dari)

상대의 발목을 안에서 밖으로 공격하는 동작이다. 상대의 발이나 발목을 쳐서 넘기거나 중심을 흩트리는 기술이다. 상대가 발을 내딛는 순간이나 공격 후에 발이 돌아가는 순간에 공격하는 것이 효과적이다. 공격 시에서 다리에 힘을 빼고 부드럽게 헐렁이(다리에 힘을 빼고 움직이는 동작)로 움직이고 목표 지점에서 힘을 준다.

Strike the opponent's ankle from inside to out. By hitting either the foot or ankle you can break the opponent's balance or cause him to fall down. The most effective times to use this sweep are the moment the opponent's foot touches the ground, or when the opponent's feet are still moving after an attempted attack. For this technique you should relax your legs and move them very softly, but use strong power when striking the target.

Mr. Song Deok-gi's Anjjang Dari
송덕기 선생의 안짱다리 시범(출처: 한국일보. 1964. 5. 16)

① ② ③

① 좌품으로 서서 본세자세를 취한다.
② 왼발을 사면으로 이동하면서 양손 긁어내린다.
③ 오른발로 상대방의 안쪽 발뒤꿈치를 쳐서 공격한다. 좌우 반복하여 실시한다.

① Stand in the main stance with your left leg in front.
② While moving the left foot to the side, scrape down with both hands.
③ With your right foot, hit the opponent's heel from the inside. Repeat on both sides.

(2) 밖장다리 / Outside Ankle Sweep (Pakjang Dari)

상대의 발목을 바깥쪽에서 안쪽으로 공격하는 동작이다. 상대의 발이나 발목을 쳐서 넘기거나 중심을 흩트리는 기술이다. 상대가 내딛는 순간이나 공격한 발을 회수하는 순간에 공격하는 것이 효과적이다. 다리에 힘을 빼고 헐랭이와 허리재기를 이용한다.

Hit the opponent's ankle from the outside in. This technique is used in a similar way as the inside ankle sweep. Relax your leg when you use this technique and use your waist to generate power.

① 좌품으로 서서 본세자세를 취한다.
② 왼발을 사면으로 빠지면서 양손을 긁어내린다.
③ 오른쪽 발등으로 상대의 발뒤축을 밖에서 안으로 찬다.
　　좌우 반복하여 실시한다.

① Stand in the main stance with your left leg in front.
② While moving the left foot to the side, scrape down with both hands.
③ Using the instep of your right foot, hit the opponent's heel from the outside in. Repeat on both sides.

(3) 장대걸이 / Twist Kick (Jangdae Geori)

상대의 옆구리를 바깥쪽에서 안쪽으로 공격하는 기술이다.

This kick targets the opponent's flank.

고용우 선생(左)과 송덕기 선생(右)
Mr. Ko Yong-woo (left) and Mr. Song Deok-ki (right)

① 좌품으로 서서 본세자세를 취한다.
② 왼발을 사면으로 빠지면서 양손으로 긁기를 한다.
③ 오른쪽 발등으로 상대의 뒤쪽 옆구리를 공격한다.
  좌우 반복하여 실시한다.

① Stand in the main stance with your left foot in front.
② While moving the left foot to the side, scrape down with both hands.
③ Using the instep of the right foot, strike the rear area of the opponents right flank. Repeat on both sides.

(4) 곧은발질 (명지르기) / Straight Kick (Godeun Baljil (Myeong Jireugi))

정면으로 무릎을 굽꺾어서 올려서 상대의 명치, 목, 정강이 등을 공격하는 기술이다. 발의 전진과 허리재기 그리고 굼슬르기를 이용한 공격은 강한 타력을 만들어 상대에게 치명상을 줄 수 있다.

Raise your knee to the front with the leg folded and strike the opponent's legs, belly, throat, and other areas. You can generate power for this kick by stepping forward and using waist motion (heori jaegi) and weight shifting (gumseulleugi), making the kick dangerous to an opponent.

Eoreugi(deceptive relative) and opponents catch Ankle taekkyeon the same the similar

① ② ③

① 좌품으로 서서 본세자세를 취한다.
② 왼발을 사면으로 이동하면서 양손으로 긁기를 하면서 무릎을 정면으로 굽꺾어 올린다.
③ 오른쪽 발부리로 상대의 명치를 공격한다. 좌우 반복하여 실시한다.

① Stand in the main stance with your left foot in front.
② While moving the left foot to the side, scrape down with both hands. Raise the forward leg with the knee at a 90 degree angle.
③ Kick below the opponent's belly with the ball of the foot. Repeat on both sides.

발따귀/Barttagwi

명지르기/Myeongjireugi

(5) 도끼발 / Side Kick (Dokkibal)

도끼발은 다리부터 얼굴까지 발모서리와 뒤꿈치로 공격하는 기술이다. 허리재기를 이용하여 공격한다.

Use the side of the foot and the heel to strike the opponent from the legs to the face. Use waist power (heori jaegi) when you use this kick. dokki (도끼) literally means "axe."

① ② ③

① 본세에서 사면으로 들어가면서 무릎을 곱 꺾어 올린다.
② 지탱하는 발의 회전과 허리의 회전을 이용하여 순간적으로 상대의 다리를 공격한다.
③ 상대를 공격하고 빠르게 회수한다. 좌우 반복하여 실시한다.

① From the main stance, step out with the left foot about 15 degrees, and raise the right leg at about a 90 degree angle.
② Turn the waist and the supporting foot at the same time while quickly striking the opponent's leg. You can also strike the flanks and face.
③ Retract the leg quickly.
    Repeat on both sides.

(6) 곁치기 / Round Kick (Gyeot Chigi)

곁치기는 오금치기(하), 반곁치기(중), 곁치기(상)로 다리부터 얼굴까지 상대의 측면을 공격하는 기술이다. 허리재기의 힘을 이용하여 공격한다.

This kick is used to strike an opponent from the legs to the face. It divided into three types: low (ogeum chigi), middle (ban gyeot chigi) and high (gyeot chigi).

① ② ③

① 본세에서 왼쪽 사면으로 들어가면서 오금치기를 한다.
② 왼발이 사면으로 들어가면서 양손으로 긁기를 하면서 무릎을 측면으로 접어 올린다.
③ 오른쪽 발등으로 상대의 얼굴을 공격한다.
 좌우 반복하여 실시한다.

① From the main stance, move to the left and kick with the right leg behind the opponent's knee.
② With your left foot, step to the side while scraping down with both arms, then raise your knee to the side at a right angle.
③ Strike the opponent's flank or face with your ankle.
 Repeat on both sides.

7) 마주대기 / Partner Exercises (Majudaegi)

두 사람이 마주 보고 공격과 방어를 연습하는 과정이다. 즉 마주대기는 혼자서 연습하는 과정을 두 사람이 연습하는 것이다. 공격과 방어는 크고 천천히 시작하여 작고 빠르게 연습하는 것이 중요하다. 상대와 정확한 호흡으로 연습한다.

These are a series of two-person exercises to practice techniques for attack and defense. After practicing techniques individually, you can apply them with a partner. You should start out by using big and slow movements, then as you improve you can then make your movements smaller and faster. It is important to move in harmony with your partner.

송덕기 선생이 고용우를 지도하는 모습(메주먹 무릎치기)
Mr. Song Deok-ki teaching Mr. Ko Yong-woo a hammer fist strike to the knee (mejumeok mureup chigi)

(1) 손질 마주대기 / Hand Technique Partner Exercise (Sonjil Majudaegi)

주먹으로 얼굴을 공격하면 상대의 팔을 잡아채면서 연속적으로 이마재기 한다.

If an opponent tries to punch you in the face, you can trap the opponent's arm and counter with a forehead thrust (ima jaegi).

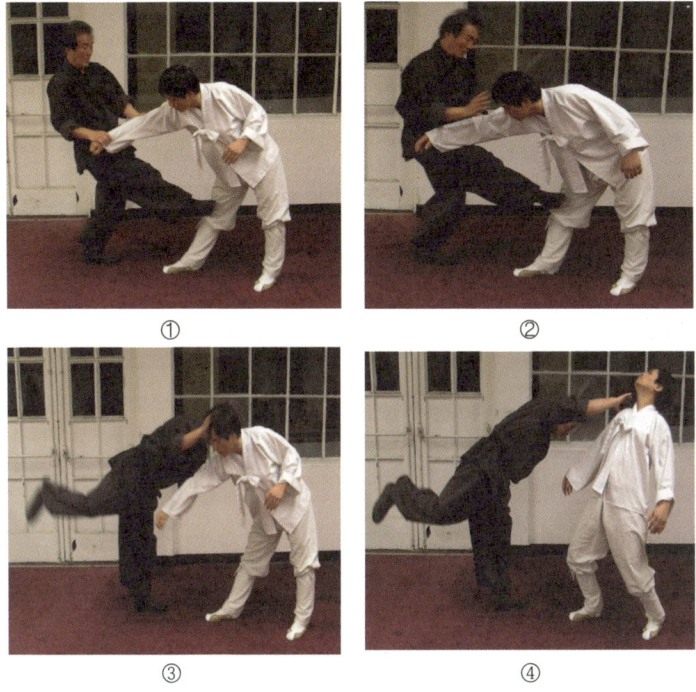

① 상대의 주먹 공격을 잡아채고 무릎걸이 한다.
② 팔을 당기면서 이마재기 들어간다.
③ 무릎걸이 다리를 뒤로 당기고 상체를 앞으로 숙이는 반탄력으로 이마재기한다.
④ 이마재기로 공격한다.

① Grab the opponent's arm and then kick above the knee.
② Pull the opponent's arm back while preparing to strike the forehead.
③ Swing your right leg back while leaning forward.
④ Push the opponent's forehead back and quickly return to the main stance.

(2) 발질 마주대기 / Leg Technique Partner Exercise (Baljil Majudaegi)

상대의 발길질 공격을 손과 발 등으로 되받기 하는 기술이다. 이 장은 발길질에 대한 손질 되받기 하는 기술을 소개한다. 곧은발질GodEunBalJil로 공격하면 발목 잡아채고 공중걸이GongJungGeolI(공중으로 띄우는 동작)한다.

These exercises train techniques for responding to kicks using the hands and arms or feet. This section introduces a method to counter a straight kick with the hands. In this case, you grab the opponent's ankle and counterattack by overturning him.

① 곧은발질로 공격하면 발목을 잡아대기 한다.
② 상대의 발목과 발장심을 잡고 밀어서 공중걸이 한다.

① When the opponent attempts a straight kick, catch the ankle in the bend of your arm.
② Grab the opponent's ankle and foot with both hands, then push forward and up.

공중걸이 기술(박종관, 1985)

(3) 막음다리 / Leg Block (Mageum Dari)

막음다리는 상대의 발길질 공격을 발로 막고 손과 발 등으로 되받기 하는 기술이다. 곧은발질을 사면으로 빠져 정강이로 막음다리하고 장심지르기 한다.

This is a technique to use when an opponent attacks with a kick. You block with the foot and counterattack with both the hands and feet. To counter a straight kick, you move to the side and intercept the kick with your shin using a leg block, then attack with a palm strike (jangsim jireugi).

① 곧은발질로 공격하면 정강이로 막음다리 한다.
② 좌품을 내딛으면서 장심지르기 한다.
③ 중심이동으로 공격한다.

① Block with the shin to counter a straight kick.
② Step forward with the left foot and strike the opponent's chest with your palm.
③ Press your weight forward to push the opponent back.

1971년 택견명인 송덕기와 임창수 사범

올려재기/ Olryeojaegi

무릎걸이/Murepgeoli

돌땅치기/Dolttangchigi

두발당상/Dubardangsang

이마재기/Imajaegi

칼잽이/Kaljaepi

막음다리/Madreumdari

발등걸이/Bardeunggeoli

도끼질/Dokkijil

올려재기/ Olryeojaegi

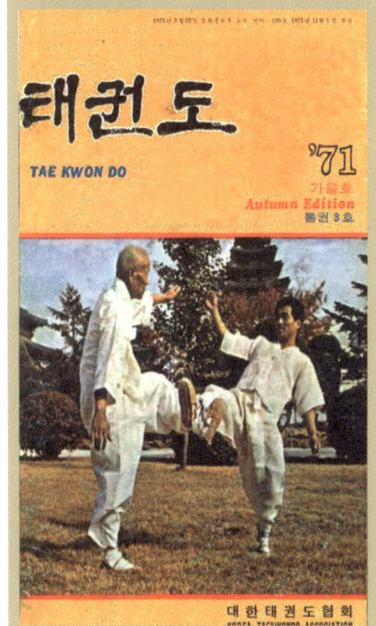

『태권도』(1971) 가을호 「살아있는 태껸인 송덕기 선생」 및 『태권도』(1973) 제7·8합본호 「銀髮의 태권도人」에 "살아있는 태껸인, 우리 태권도의 산증인 송덕기 선생."을 소개하고 있다.

한국의 태껸 - 그 원형을 찾아서 -
79살의 고령답지 않게 건강한 송 선생의 모습에서 태껸의 모습을 여기 되살려 본다고 기록하고 있다.
사진은 송덕기 선생과 대한태권도협회 사무과장 임창수(경복궁 경회루)

1971년 국립영화제작소의 「국기 태권도」 송덕기와 임창수의 시범이 영상이 있다.

1972년 『태권도 교본 품세편』에도 위 '무릎걸이' 사진에 임창수는 콧수염을 붙인 사진이 게재되어 있다.

1973년 3월 미시건주로 도미渡美하였다.

8) 맴돌리기 / Turning Techniques (Maemdolligi)

상대를 맴돌려 균형을 빼앗는 기술이다. 상대를 좌우 또는 상하로 움직여서 중심을 흔들면서 손질과 태질 등으로 연결한다. 상대의 중심을 흔들어 주면 마찰력과 중심이 불안해져 쉽게 상대를 넘길 수 있다. 또한 상대의 주먹이나 손바닥 지르기 등의 공격을 맴돌리기로 연결할 수 있다.

These are techniques to break an opponent's balance by turning him around. You unbalance an opponent either to the right or left using hand techniques or joint locks (sinju). If you destabilize the opponent's center of gravity, he will be unbalanced and it will be easier to throw or trip him. You can use turning techniques when the opponent attempts a strike using the fist or palm.

① ②

③ ④

① 상대의 어깨와 팔을 잡고 좌우 맴돌리기 한다.
② 상대의 팔과 어깨를 흔들어 균형을 빼앗는다.
③ 상대의 목을 깍지를 끼고 양손으로 잡는다.
④ 상대의 목을 앞으로 당기면서 무릎으로 얼굴을 공격한다.

① Turn the opponent to the left by pulling the arm and pushing the shoulder.
② Repeat to the right.
③ Clasp your hands behind the opponent's neck.
④ Pull the opponent forward and down, then strike the face with the knee.

 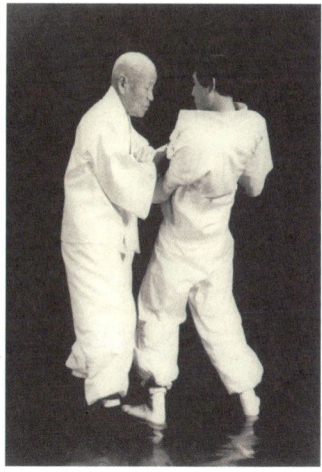

맴돌리기 / Maemdolligi

목무장 송덕기(김정윤, 2002)/Mokmujang

9) 태질 / Throwing and Tripping (Taejil)

태질은 상대를 세게 메어치거나 내던져 넘어뜨리는 기술이다. 이 기술은 맴돌리기로 균형을 무너뜨리면서 다양한 태질로 연결된다. 상대가 밀면 밀리고 당기면 들어가면서 상대의 힘을 역이용하는 것이 중요하다. 또한 몸의 움직임을 느끼면서 빈틈의 찰나에 기술을 구사한다.

These are techniques for throwing the opponent very strongly either to the front or the back. Once the opponent is unbalanced with turning techniques, you can follow with a throw or trip. If the opponent pushes or pulls, go along with either. The important thing is to use the opponent's power for your counterattack. Be sensitive to the opponent's movements and use this skill the moment the opponent is off guard.

송덕기 선생이 제자 고용우와 이준서에게 태질을 지도하시는 모습
Mr. Song Deok-ki teaching taejil to Mr. Yi Jun-su

(1) 뒷낚시걸이 / Rear Hook (Dwitnaksi Geori)

뒷낚시걸이는 상대 다리의 뒤쪽을 걸어서 넘어뜨리는 기술이다. 시선을 좌측으로 회전시키면서 뒷낚시걸이 한다.

Hook the back of the opponent's leg and make him fall down. You perform this technique looking to the side away from the opponent.

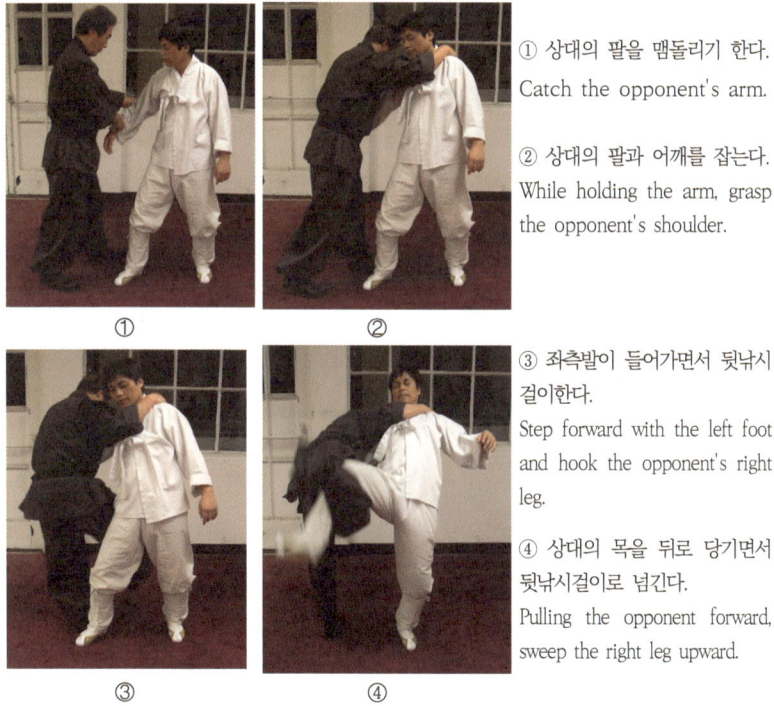

① 상대의 팔을 맴돌리기 한다.
Catch the opponent's arm.

② 상대의 팔과 어깨를 잡는다.
While holding the arm, grasp the opponent's shoulder.

③ 좌측발이 들어가면서 뒷낚시걸이한다.
Step forward with the left foot and hook the opponent's right leg.

④ 상대의 목을 뒤로 당기면서 뒷낚시걸이로 넘긴다.
Pulling the opponent forward, sweep the right leg upward.

(2) 뒷낚시걸고 앞낚시걸이 / Rear Hook and Front Hook
(Dwitnaksi Geolgo Apnaksi Geori)

앞낚시걸이는 상대의 다리 사이로 호미처럼 발목을 꺾어서 걸어 당기는 기술이다. 뒷낚시걸이 후에 상대가 버티면 앞낚시걸이로 연속 공격한다.

If you fail to throw an opponent with a rear hook, follow with a front hook. Place your leg between the opponent's legs and turn your ankle to hook and pull the opponent's leg like uprooting a plant with a hoe.

① 상대의 목덜미를 잡아채면서 뒷낚시걸이 한다.
② 상대가 뒤로 버티면 연속적으로 앞낚시걸이 한다.
◉ 요령: 상대에게 체중을 밀어붙여서 넘긴다.

① Grasp the back of the opponent's neck while doing a rear hook.
② If the opponent does not fall, place your ankle behind the opponent's supporting foot and push forward with your shoulder.
◉ tip: Use pushing force to throw the opponent.

(3) 앞낚시걸이 무릎밟기 / Front Hook and Knee Stomp
(Apnaksi Geori Mureup Barpgi)

상대의 주먹공격을 잡아채면서 앞낚시걸이 후 무릎밟기 한다. 이 기술은 송덕기 선생이 많이 사용한 기술이다.

Grab the opponent's punching arm and do a front hook followed by a knee stomp. Mr. Song Deok-ki frequently used this technique.

고용우 선생님(左)과 김영만(右)
Mr. Ko Yong-woo (left) and Mr. kim-Yeongman(right)

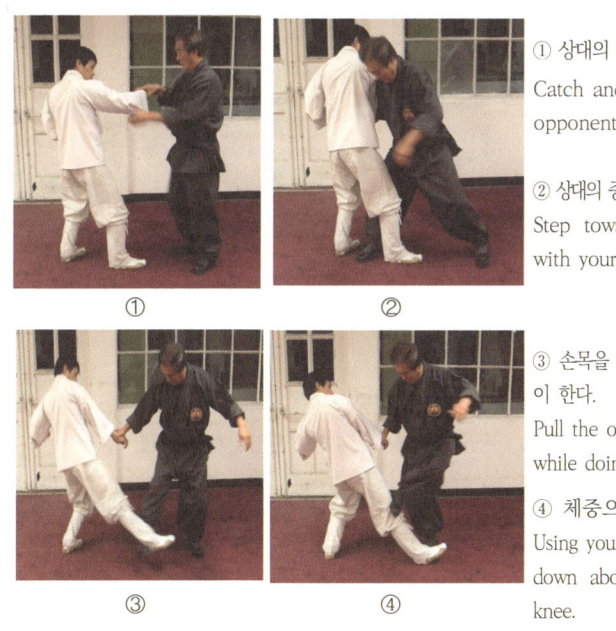

① 상대의 팔을 맴돌리기 한다.
Catch and turn the opponent's arm.

② 상대의 중앙에 우품을 내딛는다.
Step toward the opponent with your right foot.

③ 손목을 잡아채면서 앞낚시걸이 한다.
Pull the opponent's wrist while doing a front hook.

④ 체중으로 무릎밟기한다.
Using your body weight, kick down above the opponent's knee.

10) 신주身主 / Joint Locks (Sinju)

신주는 상대의 관절을 꺾는 기술이다. 또한 관절을 꺾는 기술로 신주身主(sinju), 풍수風手(PungSu), 과시誇示(GwaSi) 등이 있다. 상대의 공격을 되받기로 관절을 꺾으면서 손질 공격을 한다.

These techniques are for locking and twisting an opponent's joints. There are three different kinds of techniques for manipulating joints: sinju, pungsu (풍수), and gwasi (과시). Counter an opponent's attack by locking a joint and following with a hand attack.

① ②

① 상대가 손 공격을 하면 잡아채면서 지레의 원리를 이용하여 팔꿈치를 누른다.
② 상대의 손 공격을 잡아채면서 손을 비틀면서 도끼질로 관자놀이를 공격한다.

① If an opponent attacks with the hands, grab the arm and apply leverage by pressing the shoulder.
② After grabbing an opponent's hand in mid-attack, twist the wrist and hit the opponent's temple with a ridge-hand strike (dokkijil).

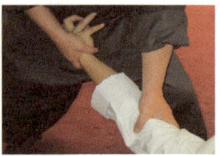

송덕기 선생님의 신주기술 / Mr. Song Deok-Ki's sinj

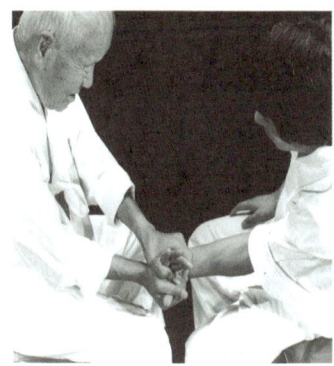 

(source: Kim, Jeong-Yun. 2002)

송덕기와 이준서 (시사피플, 2015.5.8.)

Bibliography

- Historical Works -

「Annals of the Chosun Dynasty / 조선왕조실록 / 朝鮮王朝實錄」

「Annals of King Seongjong / 성종실록 / 成宗實錄」

「Anthology of Historical Poems / 교본역대시조전서 / 校本)歷代時調全書」

「Comprehensive Illustrated Manual of Martial Arts / 무예도보통지 / 武藝圖譜通志」

「Gijaesacho / 기재사초 / 寄齋史草」

「Haedong Jukji / 해동죽지 / 海東竹枝」

「History of Goryeo / 고려사 / 高麗史」

「History of the Three Kingdoms / 삼국사기 / 三國史記」

「Jaemulbo / 재물보 / 才物譜」

「Records of Goryeo / 고려사절요 / 高麗史節要」

「Records of Korea / 한국지 / 韓國誌」

「Revised and Augmented Version of the Survey of the National Geography of Korea / 신증동국여지승람 / 新增東國輿地勝覽」

「Stories of Heroic Joseon Warriors / 조선무사영웅전 / 朝鮮武士英雄傳」

「Stories of the Three Kingdoms / 삼국유사 / 三國遺事」

「Treatise on Eastern History / 동사강목 / 東史綱目」

「Yeokong Paeseol / 역옹패설 / 櫟翁稗說」

- Papers and Books -

Ahn, Ja-San. 1979. Chosun musa yeongungjeon [Stories of Heroic Joseon Warriors]. Seoul: Jeongeumsa.

Allen, Horace Newton. 1908. Things Korean; a Collection of Sketches and Anecdotes, Missionary and Diplomatic. New York: Fleming H. Revell Company.

Choi, Nam-Seon. 1993. Chosun sangsik [Common Sense of Joseon].

Seoul: Bogosa.

Han, Yang-Myeong. 1996. Hangeuk minsok immun [Introduction to the Folk of Korea]. Gyeonggi-do: Jisiksaneopsa

Kim, Jeong-Yun. 2002. Tae Gyeon (Widae, Araedae). Seoul: Barktur Publishing.

Kim, Myeong-Gon. 1977. "Paenggaechyeojin minjungui musul taekkyeon" [Taekkyeon, the Forgotten Martial Art of the People]. Bburi Gipeun Namu. September.

Kim, Jeong-yoon. 2002. *Taegyeon*. Seoul: Barktur Pulisher.

Kim, Yeong-Man. 2020. Modern and Contemporary History of Taekkyeon. Seoul: Gyulsaem

Kim. Yeongman, and Jeong, Myong Seob. 2018. The study of the terminology of 'Taekkeyon', a traditional Korean martial art. *The Korea Journal of History for Physical Education, Sports, and Dance.* 23(2): 43-53.

Kim, Yeong-man, Kim Chang-woo and Lee, Gwang-ho. 2011. "Taekgyeonui gihape naejaedoen uimie gwanhan gochul" [A Study of the Inherent Meaning of Taekkyon's Ki-hap (Shout)]. The Journal of the Korean Alliance of Martial Arts. 13(1): 41-57.

Kim, Yeong-man and Shim Seong-seop. 2011. "Taekwondo gyeongihwa gwajeongeul tonghaebon taekgyeon gyeongigyuchikui jaejomyeong" [Revisiting Taekkyon Competition Rules through the Competition Process of Taekwondo. *The Korea Journal of Sport Science.* 20(1): 139-149.

Kim. Youngman, and Shim, SungSub. 2011. Comparative study on the hoigeon method of stonegate respiration and the neuncheong movement of Taekkyon. *The Korea Journal of Sports Science*, 20(3): 181-191.

Kim. Yeongman, and Shim, SungSub. 2013. The Relations between Taekkyon throught "Subak" and "Subakhi". *The Korea Journal of Sports Science*, 22(2): 31-42.

Kim. Yeongman, and Shim, SungSub. 2014. Records of Taekkyeon Kept by Foreigners in the Late Joseon Period. *The Korea Journal of Sports Science*, 23(1): 15~27.

Kim. Yeong-Man, and Jeon, Jeong-Woo. 2016. The Multivalence of Traditional Korean Martial arts -Centering on children's recognition of martial arts and martial arts betting in the Jeson Dynasty. *The Korea Journal of Sports Science*, 24(3): 39-49.

Kim. Yeong-Man. and Shim, Sung-Sub. 2016. The Relationship between Overseas independence movement against Japan and Taekkyeon. *The Korea Journal of Sports Science*, 25(1): 139-148.

Kim, Yeong-Man, and Shim, Sung-Sub. 2016. The study on changes in Taekkyeon during the Japanese colonial period and independence patriots. *The Korea Journal of Sports Science*, 25(2): 1-13.

Kim, Yeong-Man, and Shim, Sung-Sub. 2018. The study on the types of social classes practicing Taekkyeon. *The Korea Journal of Sports Science*, 27(1): 1-12.

Kim, Yeong-Man, and Choi, Jong-Kyun. 2020. The study on the Intangible Heritages Gyeollyeon Taekkyeon and Seokjeon. *The Korea Journal of Sports Science*, 29(2): 1-13.

Russian Treasury Department. 1900. Hangeukji [Records of Korea]. Trans. Choi, Seon and Kim, Byeong-Rin. Gyeonggi-do: The Academy of Korean studies.

Savage-Landor, Arnold Henry. 1895. Corea or Cho-sen, the Land of Morning Calm. London: William Heinemann.

Shim, Sung-Sub., and Kim, Young-Man. 2008. Comparative Analysis between Neuncheong Posture in Taekkyon and Related Movement and Study of Danjeon meaning. *The Korea Journal of Sports Science*, Vol. 17, No. 4, pp. 283~296.

Shin, Chae-Ho. 1948. Joseon sangosa [The Lost Ancient History of Joseon]. Seoul: Jongno Academy.

- Newspapers and Internet -

Gwon, Gyeong-Eon. 1974. "Baduk yahwa...giin Kim Hong-sik" [Secret Stories of Baduk..The Eccentric Kim Yeong-sik]. Kyunghyang Shinmun. December 30.

"Joseon muyewa gyeonggireul malhaneun jwadamhoe" [Symposium on Joseon Martial Arts and Games]. 1941. Jogwang. 7(4).

Seo, Young-su. 1986. "Taekkyeonhaneun moseupui toyong" [Clay Figurines doing Taekkyeon]. Dong-A Ilbo. July 30.

Seoul University Museum.

Soogsil University Korean Christian Museum.

(http://ko.wikipedia.org. 2012)

(http://www.culturecontent.com. 2012)

김영만 박사(무예연구가)

【저서목록】
- 택견겨루기 論(레인보우북스, 2009)
- 택견 겨루기의 이론과 실제(레인보우북스, 2009)
- 택견 겨루기 總書(상아기획, 2010)
- 택견 기술의 과학적 원리(한국학술정보, 2012)
- 스포츠 택견(애니빅, 2019)
- 한국전통무예에 깃든 정신과 철학(글샘, 2020)
- 택견 근현대사(글샘, 2020)
- 전통스포츠 택견(글샘, 2021)

【저자약력】
- 숭실대학교 생활체육학과 졸업
- 숭실대학교 일반대학원 체육학 석사 졸업
- 숭실대학교 일반대학원 체육학 박사 졸업
- 서울대학교 스포츠과학연구소 Post-Doc 연구원
- 캘리포니아주립대학교 샌버나디노 Post-Doc 연구원
- 스포츠기억문화연구소 선임연구원
- 국기원 객원연구원
- 경희대학교 겸임교수
- 숭실대학교, 용인대학교, 을지대학교, 한국예술종합학교 외래교수

실전 태껸

저자와 협의하여 인지를 생략함

발행일 : 2021년 12월 05일 초판
발행인 : 이 기 철
발행처 : 도서출판 글 샘
주 소 : 서울시 관악구 호암로 582 B01호 (신림동, 해동빌딩)
연락처 : 전화 : 02-6338-9423, 010-3771-9423, 팩 스 : 02-6280-9423
등록일 : 2017.08.30. 제2017-000052호
E-mail : gulsam2017@naver.com

파본은 바꿔드립니다. 본서의 무단전제·복제 행위를 금합니다.

정가 : 15,000원   ISBN : 979-11-88946-61-7(93690)

「이 도서의 국립중앙도서관 출판시도서목록(CIP)은 서지정보유통지원시스템 홈페이지(http://seoji.nl.go.kr)와 국가자료공동목록시스템(http://www.nl.go.kr/kolisnet)에서 이용하실 수 있습니다.